LE GRAND LIVRE DES TECKELS

Vanessa Richie

www.lpmedia.org

Données de publication

Vanessa Richie

Le grand livre des Teckels ---- Première édition.

Résumé : « Élever avec succès un Teckel du chiot jusqu'à un âge avancé » --- Fourni par l'éditeur.

ISBN: 979-8-89818-030-0

[1. Teckels--- Documentaire] I. Titre.

Ce livre a été rédigé dans le but de fournir des informations précises et fiables concernant le sujet traité. Bien que toutes les précautions raisonnables aient été prises lors de sa préparation, l'auteur et l'éditeur déclinent expressément toute responsabilité pour les erreurs, omissions ou effets indésirables résultant de l'utilisation des informations contenues. Les techniques et suggestions doivent être utilisées à la discrétion du lecteur et ne remplacent pas les soins vétérinaires professionnels. Si vous soupçonnez un problème médical avec votre chien, consultez votre vétérinaire.

Conception par Sorin Rădulescu
Première édition française, 2025

TABLE OF CONTENTS

INTRODUCTION

Rendez-vous dans n'importe quel parc canin aux heures d'affluence, et vous êtes presque certain d'y apercevoir au moins un Teckel, voire plusieurs. Les personnes qui possèdent des Teckels en ont généralement plusieurs. Ces chiens sont adorables et leur apparence est quelque peu comique, étant beaucoup plus longs que hauts. Cette forme attachante était en réalité intentionnelle, car il s'agit d'un chien initialement élevé pour poursuivre les animaux à travers les broussailles et les bois. Les Teckels présentent un spectre de tailles assez large, pesant entre 7 et 15 kg à l'âge adulte. Cela signifie que, selon les parents, vous pourriez avoir un chien de petite ou de moyenne taille. Heureusement, une grande partie de ce poids est répartie sur la longueur de votre chien, et non sur sa hauteur. Cela signifie également que vous n'aurez pas besoin d'acheter plusieurs cages, paniers et colliers entre le stade de chiot et l'âge adulte.

La race n'a pas toujours été aussi petite. Originaire d'Allemagne, le Teckel était principalement un chasseur, s'attaquant à des animaux sauvages comme les blaireaux et les sangliers. Cela explique non seulement l'intrépidité de ces chiens, mais aussi leur propension à aboyer. Ils n'ont pas toujours été aussi petits, mais lorsque la race a été standardisée, ils ont été élevés pour être de plus en plus petits, et aujourd'hui, il est peu probable qu'ils puissent affronter un sanglier avec leur taille actuelle (même si vous ne pourrez jamais leur faire comprendre cela).

Malgré leur longue histoire d'élevage, les Teckels sont une race relativement saine. Leur plus grande préoccupation niveau santé concerne ce dos très particulier et allongé, qui peut être blessé assez facilement. Si vous avez des enfants, vous ne devriez jamais les laisser soulever votre Teckel. Ces chiens ont également tendance à avoir des problèmes dentaires, vous devrez donc non seulement prévoir d'être attentif aux soins de leurs dents, mais aussi éviter des activités comme le tir à la corde. Il existe cependant de nombreux autres jeux à faire avec votre Teckel, comme la recherche de friandises cachées ou des tours (si votre Teckel a la personnalité adéquate). Les Teckels adorent jouer avec leurs maîtres.

Bien que la race ait été élevée comme chasseur, ils sont populaires en raison de leur caractère généralement amical. Le fait qu'ils soient si sociables peut en réalité les amener à être le genre de petit chien qui donne mauvaise réputation aux petits chiens. Ils ont tendance à être vocaux, vous devrez donc veiller à socialiser et éduquer votre Teckel. Ils sont intelligents, ce qui signifie que leur éducation peut donner des résultats variables. Certains adorent faire plaisir à leurs maîtres, tandis que d'autres sont moins enthousiastes à l'idée de faire ce qu'on leur demande.

C'est également une race qui peut se montrer très agressive si elle n'est pas correctement éduquée et socialisée. Ils ne sont pas dangereux comme d'autres races agressives, mais ils peuvent mordre, ce qui peut en faire une terreur tant pour les enfants que pour les visiteurs. Vous devrez apprendre aux enfants et aux visiteurs comment interagir avec eux, à la fois pour vous assurer que votre Teckel ne soit pas blessé et pour éviter qu'il ne développe une peur de ces premiers. Tant que tout le monde est respectueux et doux avec votre Teckel, il sera probablement ce petit chien adorable auquel vous vous attendiez.

Malgré ces tendances, il s'agit d'une race incroyablement affectueuse et généralement posée, ce qui explique pourquoi les personnes qui en possèdent un en auront presque certainement toujours plus d'un.

CHAPITRE 1
Un chien intrépide au format miniature

« Quand on a eu un Teckel dans sa vie, on en garde généralement toujours un. Ils mettent plus de temps à être éduqués, ils sont têtus, mais ils sont très fidèles et possèdent une douceur que seul un propriétaire de Teckel peut comprendre. »

Kim Gillet
Cameo Dachshunds

Les Teckels sont sans doute l'une des races de chiens les plus reconnaissables au monde. Compte tenu de leur longueur, leurs petites pattes courtes semblent disproportionnées par rapport à leur corps. Bien qu'il existe d'autres chiens allongés, comme les Corgis, la longueur des Teckels paraît plus prononcée en raison de leur poil court qui met en valeur leur silhouette fine. Cela a inspiré une multitude de surnoms sur l'apparence de la race. Étant donné leur caractère amical, ces surnoms leur conviennent parfaitement car ils sont joueurs.

Il y a beaucoup à aimer chez cet adorable petit compagnon.

Crédit photo :
Lee Roberts
Roberts Twins Photography

Crédit photo :
Tabitha Holloman

Aux origines du nom : un chasseur redoutable

Un rapide coup d'œil au mot Dachshund (nom allemand du Teckel) révèle clairement que cette race est originaire d'Allemagne. La traduction littérale de Dachshund est « chien à blaireaux », car ce chien était principalement utilisé pour chasser les blaireaux au XVIIe siècle.

Ils étaient parfaits pour ce dont les chasseurs allemands avaient besoin pour poursuivre les blaireaux, les sangliers, les renards et autres animaux plus grands et féroces, car les Teckels étaient indépendants, courts, dotés d'un large poitrail (ce qui signifiait une plus grande capacité pulmonaire) et d'une ténacité surprenante. Leur corps bas et allongé était idéal pour creuser des tunnels et poursuivre les animaux qui vivaient sous terre ou dans des fourrés denses.

Les capacités phénoménales du chien à poursuivre sa proie dans les tunnels, et à y exceller, semblent impossibles lorsqu'on regarde un Teckel moderne. Les chiens d'aujourd'hui sont sociables, doux, affectueux et calmes. Les observer s'ébattre dans votre maison rend presque impossible de les imaginer pourchassant férocement un autre animal. C'est une dualité intéressante de leur nature qui les rend d'autant plus charmants.

Les trois différents types de poil et les variations de taille

« Il existe des traits de personnalité uniques associés à chaque type de poil. Les Teckels ont le PLUS de combinaisons poil/couleur/motif de toutes les races de chiens ! »

Elizabeth Bender
BenderDachs

Les Teckels présentent trois types de poil très différents, et il existe deux tailles principales pour cette race. Les tailles sont assez évidentes ; le Teckel nain est un petit chien, tandis que le Teckel standard est généralement assez lourd pour être considéré comme un chien de taille moyenne.

Il existe trois types de poil :

Poil ras

C'est le type de poil le plus courant. Lisse et soyeux, on l'appelle à juste titre poil lisse. Le chien est généralement noir et feu, avec des couleurs similaires à celles d'un Rottweiler.

Teckel à poil ras

Poil long

Moins courant, le Teckel à poil long serait le résultat d'un croisement entre le Teckel à poil ras et le Stöberhund (ancêtre de l'épagneul allemand) au poil plus long. Le poil est doux et nécessite un toilettage fréquent car la race est basse sur pattes, près de la terre et des débris.

Teckel à poil long

Poil dur

Bien qu'on pense qu'il existait déjà au début du XIXe siècle, le Teckel à poil dur n'a pas été élevé intentionnellement avant la fin de ce siècle. Les éleveurs ont établi le standard de la race en croisant le Teckel à poil ras avec le Pinscher allemand à poil dur et le Dandie Dinmont Terrier.

Les différents types de poil sont idéaux pour différentes conditions de chasse. Le chapitre 2 détaille les différences entre ces types de poil, et le chapitre 14 aborde l'entretien que chacun nécessite. Cependant, pour vous aider dans votre réflexion concernant le choix d'un chiot, sachez que les Teckels à poil long nécessiteront plus de toilettage que les deux autres. Ainsi, si vous ne souhaitez pas brosser votre compagnon tous les jours, vous devriez opter pour un Teckel à poil ras ou à poil dur.

Teckel à poil dur

Standardisation des tailles

Il peut être difficile de faire la différence entre les deux tailles (le nain pèse généralement environ 5 kg, tandis que le standard commence à environ 7 kg). Contrairement à beaucoup de races miniatures qui résultent généralement du désir des propriétaires d'avoir des chiens plus petits, les deux tailles de Teckel sont basées sur le type de proie qu'ils étaient destinés à chasser. La race standard poursuivait des animaux plus grands, comme les blaireaux, tandis que les Teckels nains chassaient les renards et les lièvres.

Un symbole du patrimoine allemand

On pense que la race originelle dont a évolué le Teckel venait d'Égypte, mais la race que nous connaissons aujourd'hui est définitivement issue d'Allemagne. Les premiers Teckels ont probablement été élevés au XVIe siècle, un mélange de Braque et de Pinscher, bien que certains pensent que les premiers chiens étaient également croisés avec le Basset Hound français. Dès les années 1700, la race ressemblait déjà et se comportait d'une manière assez similaire à celle d'aujourd'hui. Leur ruse tenace et intrépide était une qualité très appréciée. Ils pouvaient entrer dans des tunnels où des races comme le Rottweiler, le Berger allemand et le Braque de Weimar ne pouvaient pas pénétrer. Aussi difficile que cela soit à imaginer aujourd'hui, en rassemblant une petite meute de Teckels, les chasseurs pouvaient même s'attaquer au sanglier.

Malgré leur petite taille, ils étaient rapides, alors quand ils apercevaient une proie, les Teckels se lançaient à sa poursuite, laissant les chasseurs derrière eux tandis qu'ils pourchassaient le gibier jusqu'à son terrier. L'aboiement était incroyablement important pour la race car ils entraient dans les trous à la poursuite d'animaux plus petits, disparaissant souvent sous terre sans que les chasseurs ne voient réellement où ils allaient. Une fois qu'ils avaient réussi à abattre leur proie, le Teckel émergeait et commençait à aboyer pour indiquer au chasseur où il se trouvait.

Pendant plus d'un siècle, les Teckels ont été un trésor allemand, devenant largement des animaux de compagnie. Au cours des années 1800, ils sont devenus de plus en plus populaires comme compagnons domestiques plutôt que comme chiens de chasse. Les chiens au tempérament amical ont été élevés pour créer davantage de ces charmants petits compagnons, et c'est pourquoi ils ont tendance à être si sociables aujourd'hui. Cependant, ils conservent toujours une grande partie de l'intelligence, de la ténacité et de l'aboiement qui étaient si importants à l'époque.

Lors de la préparation des Jeux olympiques de 1972 qui se sont tenus à Munich, les Allemands ont choisi un Teckel nommé Waldi comme mascotte des jeux. En l'honneur de cette petite mascotte, les officiels olympiques ont décidé de créer le parcours du marathon pour les athlètes en forme de Teckel.

Crédit photo :
Esther Gorbey

Une race populaire dans le monde entier

Au cours des années 1800, la popularité de la race en Allemagne a vu la royauté adopter des Teckels. La royauté d'autres nations a commencé à remarquer ce petit chien mignon et a cherché à en adopter. Les Teckels étaient les favoris de la reine Victoria, ce qui a permis aux gens du monde entier de découvrir ce chien allemand unique.

À la fin du XIXe siècle, le Teckel a traversé l'Atlantique et s'est implanté aux États-Unis, où il a été officiellement reconnu en 1885. Plusieurs clubs lui furent ensuite consacrés, comme le Deutscher Teckelklub en Allemagne ou le Dachshund Club of America. Sa popularité n'a cessé de croître jusqu'au début de la Première Guerre mondiale, moment où ses origines allemandes ont suscité une méfiance grandissante : beaucoup d'Américains et de Britanniques ne voulaient plus d'un chien associé à l'ennemi. L'American Kennel Club est même allé jusqu'à proposer de rebaptiser le Teckel en « chien à blaireaux » (traduction littérale de *Dachshund*) ou en « chiot de la liberté » afin de flatter le patriotisme. L'initiative fut abandonnée après la guerre.

En France, le Teckel s'était déjà fait une place à la fin du XIXe siècle, principalement comme chien de chasse au blaireau et au renard. Sa petite taille, son courage et sa ténacité en ont rapidement fait un compagnon apprécié des chasseurs. Après les guerres mondiales, il a peu à peu conquis les foyers français en tant que chien de compagnie, tout en gardant son image de chien vif et intrépide.

Un problème similaire de popularité s'est produit pendant la Seconde Guerre mondiale, mais le déclin n'a pas été aussi marqué que pendant la Première Guerre mondiale. Contrairement au Berger allemand et au Rottweiler cependant, les gens n'ont pas diabolisé le Teckel une fois la Seconde Guerre mondiale terminée, et la race a commencé à se frayer un chemin dans le groupe des races les plus populaires du monde. Ils font partie des chiens domestiques les plus courants depuis les années 1950, et le sont restés pratiquement depuis.

Certains endroits en Europe utilisent encore la race pour la chasse. Cela a aidé certains Teckels à conserver les aspects plus agressifs de la race, mais ces chiens sont fréquemment élevés pour la chasse, pas pour les foyers.

Les Teckels sont devenus immensément populaires dans le monde entier et sont célébrés dans de nombreux pays. L'une des façons les plus mignonnes de les célébrer a commencé en Australie dans les années 1970, lorsqu'il a été décidé d'organiser des courses de Teckels. Ils sont peut-être

Crédit photo :
Mavourneen Smith

rapides pour leur très petite stature, mais ce ne sont certainement pas des chiens de course. Avec leurs pattes bougeant aussi vite que possible et leurs oreilles battant dans l'air, ils sont adorables à regarder quand ils courent. Des courses similaires sont organisées partout dans le monde aujourd'hui.

Tant de surnoms

Le petit Teckel sociable a acquis une multitude de surnoms, probablement parce qu'étant d'origine germanique, le nom officiel (Dachshund) de la race peut être un peu plus difficile à prononcer, en plus d'être presque aussi long que le chien.

Voici quelques-uns des surnoms qui ont été donnés à ce chien :

- Chien-boudin
- Basset long
- Chien saucisse
- Chien-sandwich
- Teck
- Petit long

Et ce n'est même pas une liste complète. Si vous finissez par adopter un Teckel, vous rencontrerez presque certainement de nombreux autres noms, et vous pourrez choisir celui que vous préférez lorsque vous parlerez de votre petit compagnon. C'est un aspect très unique de cette race, ils attirent les surnoms comme aucune autre race, alors préparez-vous à apprendre beaucoup de noms différents pour éviter toute confusion.

CHAPITRE 2
Au-delà des apparences

Le Teckel ressemble à un chien qui aurait besoin de protection. Ces grands yeux, ce corps bas et ces oreilles tombantes feraient croire à n'importe qui que ce chien est sans défense. Maintenant que vous connaissez son histoire, vous savez que ce n'est pas une race qui a besoin d'être protégée, sauf peut-être pour l'empêcher de s'attaquer à des chiens beaucoup plus grands que lui.

Le petit gabarit du Teckel cache une personnalité imposante qui le rend si populaire, mais cela ne signifie pas qu'il n'a pas de défauts. Prenez le temps de prendre en compte ces défauts, car certains d'entre eux pourraient être rédhibitoires, notamment la difficulté que ces chiens ont généralement à être propres et le fait que certains d'entre eux sont très vocaux.

Crédit photo :
Anh Tran

Crédit photo :
Brittany Prince

Les caractéristiques physiques du Teckel

La caractéristique la plus distinctive de l'apparence du Teckel est sans conteste son corps long et élancé porté par ces petites pattes courtes et trapues. Ils ressemblent à des saucisses avec de la fourrure et des pattes. De plus, ils se déclinent dans une large gamme de couleurs de robe :

- Noir et feu
- Crème
- Piebald
- Bringé
- Fauve (ou fawn)
- Rouge
- Marron et feu
- Isabelle (dilution du fauve)
- Zibeline

Beaucoup de ces couleurs peuvent se présenter en combinaisons, comme le noir et crème ou le fauve et crème. Avec tant de couleurs différentes et trois longueurs de poil standard, les Teckels offrent une diversité d'apparence surprenante. Tous les poils sont droits et d'une densité moyenne. Les trois types de poil confèrent un look très distinctif.

Crédit photo :
Aaron and Minette McGeehon

● Le type de poil le plus courant est le Teckel à poil ras. Lorsqu'il est bien toiletté (voir chapitre 14), le poil ras est brillant et doux. Les Teckels à poil ras sont très faciles à toiletter, bien qu'ils perdent leurs poils. Le poil sur leurs oreilles est si lisse qu'elles semblent en cuir, et les poils les plus longs se trouvent généralement sur leur ventre autour des zones dépourvues de poils.

● Les Teckels à poil long ont un poil droit, mais qui paraît ondulé sur les oreilles. Lorsqu'ils sont correctement toilettés (chapitre 14), leur poil est soyeux et doux au toucher. Ils ont tendance à avoir plus de poils sur les oreilles, la queue et le ventre. Ils nécessitent plus d'entretien, mais sont aussi les plus agréables à caresser car ils sont très doux.

● Les Teckels à poil dur ont une longueur de poil intermédiaire entre les deux autres types. Ce poil plus long leur donne un aspect légèrement plus broussailleux, particulièrement autour de la gueule et des oreilles, ce qui les rend attachants.

Tous les Teckels ont un visage très reconnaissable, avec ces longues oreilles tombantes, ce museau allongé et ces yeux de chiot. Leurs oreilles semblent disproportionnellement longues, et vous pourriez craindre que votre Teckel ne marche accidentellement dessus ; ne vous inquiétez pas, elles ne sont pas si longues. Les yeux paraissent si grands en partie à cause de leurs sourcils prononcés, ce qui leur permet d'avoir des expressions plus marquées. Ces sourcils donnent aux Teckels des expressions plus faciles à identifier que chez de nombreuses autres races.

Bien que leur museau soit long, leurs mâchoires sont incroyablement puissantes. Et derrière ces mâchoires puissantes se cache un aboiement plus grave que ne le suggère la taille du chien.

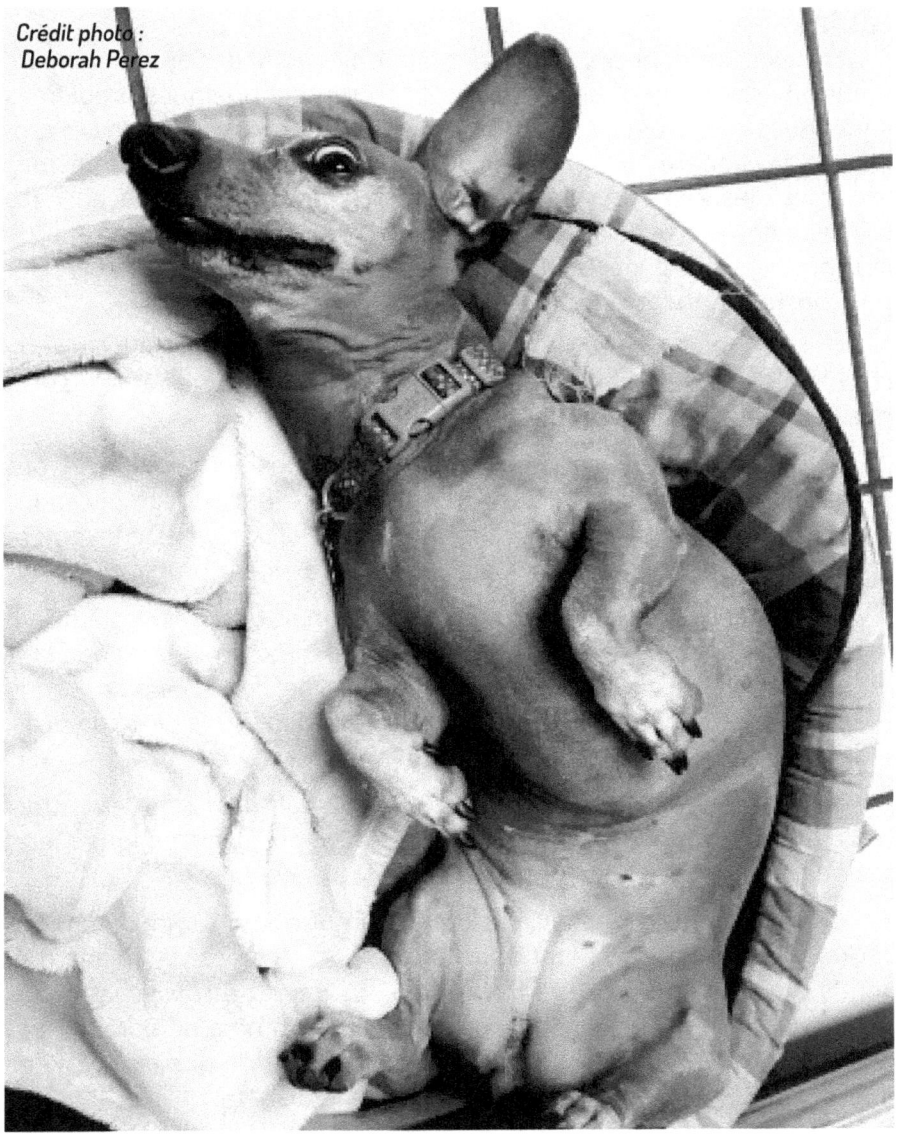

Crédit photo :
Deborah Perez

Problèmes de santé courants chez les Teckels

Le Teckel est un chien étonnamment robuste. La majorité des problèmes de santé potentiels sont liés à leur dos, mais ils présentent quelques autres problèmes de santé potentiels dont vous devriez être conscient lorsque vous réfléchissez à l'adoption de cette race.

Une race plutôt saine, avec quelques problèmes notables

La sélection dont ces chiens ont fait l'objet au fil des ans les a maintenus en assez bonne santé, bien qu'ils présentent quelques problèmes génétiques et courants. Alors que ce chapitre aborde certains de ces problèmes, le chapitre 16 fournit des détails sur la nature de ces problèmes et sur les mesures à prendre si votre chien en souffre. Cette section vise à vous aider dans votre décision d'adopter un Teckel. Compte tenu de leur bonne santé générale, les problèmes de santé futurs ne devraient pas constituer un facteur déterminant dans votre décision.

Ces grands yeux sont sujets à certains problèmes, mais pas plus que chez la plupart des chiens vieillissants. Vous devrez surveiller le glaucome, les cataractes et la sécheresse oculaire.

Les Teckels sont connus pour leurs problèmes dentaires. Avec des soins appropriés, vous pourrez probablement éviter les complications les plus graves, mais vous devrez également les surveiller attentivement et éviter les jeux qui pourraient causer ou aggraver ces problèmes.

La maladie de Cushing n'est pas courante, mais c'est un problème génétique que certains Teckels peuvent présenter. Lorsque la glande surrénale produit des niveaux excessifs de cortisone, cela crée un déséquilibre qui peut rendre votre Teckel sujet aux accidents, à la perte de poils, et à une augmentation de l'appétit et du poids.

Les Teckels sont plus susceptibles que la plupart des races de contracter la maladie génétique du foie appelée shunt porto-systémique. Cette maladie empêche l'élimination efficace des toxines du sang.

Compte tenu de leur taille et de leur amour pour la nourriture, les Teckels figurent fréquemment sur la liste des 10 races de chiens présentant le plus grand risque d'obésité. Vous devrez être vigilant quant à la quantité de nourriture que votre chien consomme et à son niveau d'exercice, car l'obésité contribuera aux problèmes de dos et à certains autres problèmes associés à la race, comme le diabète.

Les Teckels peuvent également souffrir de troubles gastriques, la dilatation-torsion de l'estomac (SDTE) étant la plus dangereuse. Cette affection peut être mortelle. La plupart des problèmes d'estomac ne sont pas dangereux, mais peuvent entraîner beaucoup de gaz, ce qui sera perceptible lorsque votre chien sera assis sur vos genoux en fin de journée.

La maladie dégénérative de la valve mitrale est un problème associé aux Teckels. Le problème implique une fuite de la valve cardiaque et commence généralement lorsque le chien a entre 8 et 10 ans. Votre Teckel devrait être surveillé à ce sujet à partir de cet âge.

Les Teckels présentent plusieurs troubles neurologiques, notamment l'épilepsie, la narcolepsie et la maladie de Lafora. Ces types de problèmes sont plus fréquents chez les Teckels à poil dur. Les symptômes des troubles neurologiques comprennent un sommeil excessif ou spontané, des mouvements saccadés, des tremblements et des convulsions, ainsi qu'une faiblesse ou un manque d'équilibre.

Attention à ce dos allongé

L'une des caractéristiques les plus distinctives de la race est que le dos est beaucoup plus long que le Teckel n'est haut : c'est adorable, mais vous devez également être prudent. Il est facile de blesser leur dos, et vous devriez toujours garder votre chien au sol. C'est vrai pour tous les chiens, mais c'est encore plus important pour les chiens qui ont un dos allongé. Voici quelques problèmes de dos potentiels :

- Hernie discale intervertébrale
- Blessures à la colonne vertébrale

Comme la plupart de leurs problèmes de dos sont liés aux activités et non à la génétique, il y a des mesures que vous devrez prendre pour vous assurer que votre Teckel ne se blesse pas le dos. Le chapitre 5 présente certaines des mesures que vous devriez prendre pour préparer votre maison ; le chapitre 16 détaille les types de problèmes de dos que votre chien peut développer et que vous devriez surveiller.

Il est important d'être prudent car on estime que 25 % de tous les Teckels auront des problèmes de dos. Et contrairement aux humains, ils ne sont pas capables de vous expliquer leurs problèmes.

Intelligent, indépendant et énergique – mais peut être méfiant envers les enfants

« Les Teckels sont extrêmement fidèles. Ils adorent les personnes et les autres chiens de leur cercle familial. Ne soyez pas surpris s'ils vous suivent de pièce en pièce juste pour être près de vous. »

Elizabeth Bender
BenderDachs

Malgré sa taille, c'est un chien intrépide qui est assez intelligent pour savoir comment obtenir ce qu'il veut. Cette intelligence peut attirer des ennuis aux Teckels, d'autant plus qu'ils peuvent être étonnamment têtus. Comme ils ont été élevés pour poursuivre d'autres animaux dans leurs terriers, ils peuvent être incroyablement espiègles s'ils sont laissés seuls dans le jardin. Cela, ainsi que leur taille, sont des raisons importantes pour lesquelles vous ne devriez jamais laisser votre Teckel seul à l'extérieur.

Le fait que tant d'entre eux soient intrépides semble totalement contraire à leur apparence. C'est définitivement un point à considérer si vous avez déjà des animaux de compagnie. Ils sont amicaux, mais vous devez quand même trouver le temps de vous assurer que votre Teckel est socialisé. Ils peuvent être méfiants envers les enfants. Les Teckels plus âgés sont plus susceptibles de préférer les autres animaux de la maison aux enfants.

Ils peuvent être possessifs, ce que vous voudrez surveiller, surtout si vous adoptez un adulte. Lorsqu'ils sont correctement éduqués, les chiens peuvent apprendre à partager.

Malgré leur intelligence, ce ne sont pas des chiens faciles à éduquer à la propreté. Si vous ne voulez pas d'un chien qui prendra plus de temps à apprendre la propreté, vous devriez choisir une autre race.

L'autre problème majeur potentiel est l'agressivité. Compte tenu de leur histoire, les Teckels ne sont pas connus pour reculer et peuvent réagir violemment lorsqu'ils se sentent menacés, ont peur ou ont été blessés. Aussi difficile que cela puisse être à croire pour un chien aussi réputé et adorable, les Teckels nécessitent une socialisation et une éducation pour en faire des chiens idéaux.

Crédit photo :
Samantha Oakes

Un chien fantastique pour un foyer urbain – méfiez-vous simplement des aboiements

La petite taille des Teckels les rend parfaits pour n'importe quel foyer ; cependant, vous devrez avoir un espace où ils peuvent se déplacer facilement sans que vous ayez à les porter. L'aboiement fait partie de leur héritage génétique car c'était important à l'origine, ils sont donc naturellement une race vocale. Contrairement à l'apprentissage de la propreté cependant, vous ne trouverez peut-être pas trop difficile d'apprendre à votre Teckel à aboyer pour une raison précise plutôt que par ennui ou en réaction à de petits bruits. Avec une éducation appropriée, ils peuvent être d'excellents chiens d'alerte.

CHAPITRE 3
Trouver votre Teckel

Les teckels sont une race incroyablement populaire en raison de la joie qu'ils peuvent apporter, et leur petite taille leur permet de s'adapter à presque tous les environnements. Ils ont certes leurs défauts, mais si vous êtes arrivé jusqu'ici, vous avez probablement décidé que vous pouvez composer avec ces problèmes pour avoir un chien affectueux et amical chez vous. Ils sont d'excellents compagnons, mais vous devriez prévoir de les éduquer, que vous adoptiez un adulte ou un chiot.

Considérations et démarches pour adopter un Teckel adulte

Quelle quantité de travail pouvez-vous gérer ? Serez-vous capable de faire face à un chiot excitable qui a tout à apprendre ? Ou préférez-vous travailler avec un adulte qui pourrait avoir des problèmes que vous devrez l'aider à surmonter ? Les chiots demandent presque toujours plus de travail, mais on ne sait jamais quel genre d'expériences un chien adulte a traversées, ce qui influencera sa façon de réagir au monde qui l'entoure.

Crédit photo :
Dawn Bergeron

La recherche de votre nouveau membre de famille va prendre du temps, même si vous décidez d'adopter un adulte. En raison de la fragilité du dos des teckels, vous devrez passer du temps à aménager votre maison pour aider votre nouvel ami à se déplacer si vous avez des escaliers ou si vous allez l'autoriser à monter sur les meubles type sofa. Il peut également y avoir des problèmes résultant d'un élevage inapproprié ou des soins donnés au début de la vie d'un teckel. Pour vous assurer d'obtenir un chiot en bonne santé qui sera votre compagnon affectueux le plus longtemps possible, vous devrez trouver un éleveur réputé qui se soucie davantage des chiots que de l'argent.

L'approche pour adopter un teckel adulte est la même que pour adopter un chiot auprès d'un éleveur. Cependant, avec un chien aussi intelligent, vous voudrez poser beaucoup plus de questions concernant l'adoption d'un adulte, particulièrement sur les expériences antérieures du chien.

Considérations

Adopter n'importe quel chien comporte certains risques inhérents. Bien qu'il soit possible de trouver des chiots teckels dans des associations de protection animale, il est beaucoup plus probable que vous y trouviez un adulte. Adopter un teckel plus âgé pourrait nécessiter beaucoup de travail, et connaître l'historique du chien est incroyablement important pour savoir à quoi s'attendre. Comme ces chiens peuvent être têtus, certaines personnes abandonnent un teckel sans y avoir consacré beaucoup d'efforts.

Réfléchissez aux points suivants pour déterminer si un teckel adulte convient à votre foyer.

- **Pourquoi souhaitez-vous accueillir un chien adulte chez vous ? Qu'attendez-vous de lui ?**

Les teckels comprennent les ordres que vous leur donnez, mais ils peuvent être particulièrement têtus s'ils n'ont pas été correctement éduqués.

- **Êtes-vous prêt à faire preuve de patience pour accompagner un chien adulte et surmonter ses éventuels problèmes ?**

Les refuges recueillent autant d'informations que possible sur les chiens qu'ils secourent, mais leur connaissance de l'historique d'un chien est généralement très limitée. Les avantages d'adopter un teckel sont très similaires à l'adoption de n'importe quel chien de refuge. Vous devez connaître leur tempérament afin de commencer à planifier comment aider le chien à surmonter ses expériences passées et résoudre les problèmes. Il y a de fortes chances que vous n'ayez pas à tout reprendre à zéro concernant la propreté. Les chiens adultes dorment moins que les chiots et, bien qu'il puisse leur falloir un peu plus de temps pour s'habituer à vous, vous pouvez créer des liens beaucoup plus rapidement avec un adulte, selon son âge.

Crédit photo :
Alisa Ruiz

Les teckels adultes peuvent être un peu plus méfiants, surtout s'ils n'ont pas été socialisés ou s'ils ont été maltraités auparavant, mais leur côté affectueux apparaîtra probablement assez rapidement une fois qu'ils commenceront à se sentir en sécurité et chez eux. Ils sont plus susceptibles de se méfier des enfants s'ils n'ont pas été en contact avec eux auparavant, car les enfants représentent une menace particulière. Une fois que votre chien adulte aura créé des liens avec vous et votre famille, ce sera comme si vous aviez appuyé sur un interrupteur d'affection, et vous ne pourriez vraiment pas demander un chien plus aimant et intelligent.

● **Êtes-vous en mesure de sécuriser correctement votre maison avant l'arrivée du chien ?**

Vous ne pouvez pas simplement amener un chien adulte dans votre maison et le laisser courir sans surveillance. Un point commun avec la préparation de votre maison pour les chiots est que vous voudrez sécuriser votre domicile pour un adulte adopté avant son arrivée. La plupart des gens pensent qu'il n'est pas nécessaire de préparer leur maison pour un chien adulte. Cependant, comme avec un chiot, vous aurez besoin d'un espace dédié pour votre nouveau chien afin de vous assurer qu'il apprenne les règles avant d'être autorisé à se déplacer librement dans la maison. Au début, vous aurez besoin d'un espace pour que le chien se familiarise avec vous et votre maison pendant que vous évaluez la personnalité et les capacités de votre nouveau compagnon. C'est un point assez important, particulièrement si vous avez d'autres chiens et chats, car vous voudrez assurer l'harmonie dans votre foyer.

- **Avez-vous déjà des animaux qui pourraient être affectés par l'arrivée d'un nouveau chien ?**

Généralement, les autres chiens seront le problème, mais les teckels peuvent encore être très méfiants au début, selon ce qu'ils ont vécu avant d'arriver chez vous. Aussi amicaux que soient ces chiens, vous voudrez toujours être prudent lors de leur introduction dans votre maison.

Les bonnes associations de sauvetage spécialisées dans les teckels sont prudentes quant à l'adoption d'un chien présentant des problèmes de personnalité et de socialisation. Les refuges généralistes seront moins vigilants concernant l'adoption des teckels car ils sont populaires et présentent peu de risques pour la plupart des foyers.

Vous ne pourrez peut-être pas obtenir un dossier médical complet pour un teckel adulte, mais il est probable que vous trouviez un chien qui a déjà été stérilisé et pucé. À moins que vous n'adoptiez un teckel ayant des problèmes de santé (qui devraient être divulgués par l'association de sauvetage si disponibles), les chiens adoptés ont tendance à coûter moins cher lors de la première visite chez le vétérinaire que les chiots. Pendant les premières années, il est probable que vous ne payiez pas autant pour prendre soin de la santé de votre teckel. Vous passerez cependant beaucoup plus de temps à l'éduquer. Les chiots ont une courte durée d'attention, ce qui signifie de nombreuses séances d'éducation courtes. Les adultes nécessitent plus d'attention et des durées d'entraînement plus longues pour qu'ils s'habituent à vous écouter. Cette attention dédiée est bonne non seulement pour enseigner les règles de la maison, mais aussi pour créer des liens avec le chien.

Les chiens plus âgés vous donnent une satisfaction plus immédiate. Vous n'avez pas à traverser les nuits sans sommeil qui accompagnent un nouveau chiot ou la frustration de l'apprentissage de la propreté.

Enfin, l'un des plus grands avantages d'adopter un adulte est qu'il a déjà sa taille définitive. Vous n'avez pas à deviner la taille que votre chien adulte aura, ce qui facilite grandement l'achat du bon équipement et des fournitures pour chien dès le début.

Crédit photo :
J Hammond

Comme il s'agit d'une race très populaire, il existe de nombreuses ressources pour aider les passionnés à trouver un Teckel. En France, vous pouvez commencer par consulter le Club des Amateurs de Teckels (CAT), affilié à la Société Centrale Canine, qui propose des informations sur la race et peut orienter vers des éleveurs sérieux. Pour l'adoption, des associations comme la SPA ou la Fondation 30 Millions d'Amis publient régulièrement des annonces, et certains refuges spécialisés collaborent aussi avec le Teckel Club de France pour replacer des chiens.

Vous n'êtes pas obligé de vous adresser à une association de sauvetage. Si vous souhaitez adopter un teckel auprès d'un éleveur, celui-ci aura une compréhension plus complète du chien que vous adoptez. Les contrats et garanties sont destinés autant à protéger les chiots qu'à protéger les familles qui les adoptent. Si vous voulez un adulte, envisagez d'appeler des éleveurs pour voir s'ils en ont de disponibles. Vous devrez leur poser un ensemble de questions différent de celui que vous poseriez si vous adoptiez un chiot, mais ils seront en mesure de vous fournir beaucoup de détails sur le chien, sa personnalité et les problèmes potentiels.

Démarches pour adopter un Teckel

Si vous êtes intéressé par l'adoption auprès d'une association ou d'un groupe de sauvetage, il y a plusieurs choses à garder à l'esprit. Cette section couvre les questions que vous devriez poser. Si vous envisagez d'adopter un chiot auprès d'une association de sauvetage plutôt que d'un éleveur, posez les mêmes questions.

Pour mieux évaluer une association de sauvetage et connaître le sérieux de son suivi des chiens proposés à l'adoption, posez-leur les questions suivantes :

- Quelle était la raison pour laquelle le chien a été abandonné ?

- Le chien avait-il des problèmes de santé à son arrivée ?

- Savent-ils comment le chien a été traité par la famille précédente (y compris quel type d'éducation le chien a reçu, s'il a été maltraité ou s'il a été socialisé) ?

- Combien de foyers le chien a connus ?

- Quel type de soins vétérinaires le chien a-t-il reçus ? Ont-ils des dossiers d'avant l'arrivée du chien chez eux ?

- Le chien nécessitera-t-il des soins médicaux supplémentaires en fonction de problèmes connus ou suspectés ?

- Le chien est-il propre ?

- Comment le chien réagit-il aux étrangers et aux promenades dans des zones familières ?

- Le chien a-t-il de bonnes habitudes alimentaires ? A-t-il tendance à être plus agressif quand il mange ?

- Comment le chien réagit-il aux enfants et aux autres animaux ?

- Y a-t-il des allergies connues ?

- Le chien a-t-il des restrictions alimentaires supplémentaires connues ?

- L'organisation reprendra-t-elle le chien si des problèmes sont identifiés après l'adoption ?

Les associations de sauvetage devraient avoir au moins une compréhension de base de la façon dont le teckel interagit avec d'autres chiens, car l'adulte vit actuellement avec d'autres chiens. Pour les éleveurs, il y a un avantage car les adultes à adopter vivent déjà avec d'autres chiens, donc ils ont déjà une certaine socialisation.

Considérations pour adopter un chiot et choisir un éleveur

Les chiots représentent un investissement majeur en temps, et un chien aussi intelligent et têtu que le teckel rendra certains aspects de l'élevage d'un chiot encore plus difficiles.

Réfléchissez aux points suivants pour déterminer si un chiot teckel convient à votre foyer.

- **De combien de temps libre disposez-vous ? Êtes-vous prêt à consacrer la majeure partie de vos loisirs et à adapter votre emploi du temps en fonction de votre chiot ?**

L'une des plus grandes considérations est le temps que vous êtes prêt à investir. Tous les chiots demandent beaucoup de travail, à commencer par le moment où le chiot entre sous votre garde. Bien que le tempérament du teckel soit largement prévisible, la façon dont vous éduquez et socialisez votre chiot affectera presque tous les aspects de la vie adulte du chien. L'éducation et la socialisation peuvent prendre une grande partie du temps au début, mais elles sont absolument essentielles pour élever un teckel en bonne santé.

Vous voulez également que le chiot sache que votre maison est sûre et que tout le monde a à cœur les meilleurs intérêts du chiot.

- **Êtes-vous capable de rester ferme et cohérent face à un chiot aussi craquant ?**

Dès le début, vous devez vous établir, vous et votre famille, comme les maîtres afin que votre teckel comprenne la hiérarchie dès son entrée dans votre maison. Tous les chiens intelligents nécessitent plus de temps pour être éduqués car ils vont être têtus. Vous devrez être prêt à être patient et cohérent, peu importe à quel point vous êtes frustré ou à quel point ces yeux de chiot sont mignons.

• **Avez-vous le temps, l'énergie et le budget nécessaires pour sécuriser votre maison avant l'arrivée d'un chiot ?**

Le travail pour préparer votre maison à l'arrivée de votre chiot commence bien avant son arrivée. Sécuriser la maison pour un chiot prend autant de temps que de la sécuriser pour un enfant. Si vous n'avez pas le temps de préparer votre maison pour un chiot, alors vous devriez envisager d'adopter un chien adulte. Le chapitre 5 fournit des détails sur les choses spécifiques que vous devriez faire pour préparer votre maison avant d'y introduire un teckel.

Côté positif, vous passerez plus de temps avec un chiot qu'avec un adulte. Vous aurez des informations sur le chiot et ses parents, ce qui facilitera l'identification des problèmes potentiels dont votre teckel pourrait souffrir. Cela rend considérablement plus facile de s'assurer que votre chiot reste en bonne santé et de détecter les problèmes potentiels plus tôt.

Certaines personnes trouvent qu'il est plus facile de créer des liens avec les chiots qu'avec les chiens adultes. Un jeune chiot sera nerveux dans un nouveau foyer, mais la plupart s'adaptent rapidement car ils sont prédisposés à apprécier la compagnie de ceux qui les entourent. Votre tâche principale sera de protéger votre chiot et de vous assurer que vous l'éduquez patiemment. Nous aborderons ce sujet plus en détail dans un chapitre ultérieur.

Trouver un éleveur responsable est la meilleure chose que vous puissiez faire pour votre chiot, car les bons éleveurs ne travaillent qu'avec des parents en bonne santé, réduisant ainsi les risques que le chiot ait de graves problèmes de santé. Prenez toujours le temps de rechercher des éleveurs. Bien que les éleveurs de teckels soient généralement réputés, cela ne signifie pas qu'il n'y en aura pas certains qui sont plus intéressés par l'argent que par prendre soin de leurs chiens.

Choisir un éleveur

Une fois que vous comprenez suffisamment la race pour savoir dans quoi vous vous engagez, il est temps de commencer à parler aux éleveurs. L'objectif est de déterminer quels éleveurs sont prêts à prendre le temps de répondre patiemment et de manière approfondie à toutes vos questions. Ils devraient avoir autant d'amour pour leurs teckels que celui qu'ils souhaitent que vous ressentiez pour votre nouveau chiot. Et ils devraient vouloir s'assurer que leurs chiots vont dans de bons foyers.

Si vous trouvez quelqu'un qui publie régulièrement des photos et des informations sur les parents et l'évolution de la grossesse de la mère et des visites chez le vétérinaire, c'est un très bon signe. Les meilleurs éleveurs non seulement parleront de leurs chiens et des projets pour les parents à l'avenir, mais ils resteront en contact avec vous après que vous ayez ramené le chiot à la maison et répondront à toutes les questions qui se poseront. Ce sont les types d'éleveurs qui sont susceptibles d'avoir des listes d'attente. Le fait de s'intéresser activement à ce que deviennent les chiots plus tard montre qu'ils se soucient beaucoup de chaque chien individuellement. Vous voulez également trouver un éleveur qui est prêt à parler des problèmes potentiels avec les teckels. Les bons éleveurs voudront s'assurer que la famille qui adopte l'un de leurs chiots est capable de socialiser et d'éduquer correctement un teckel. Ces deux activités sont essentielles à mesure qu'un chiot grandit.

Il est probable que pour chaque éleveur que vous appelez, la conversation durera environ une heure. Si un éleveur n'a pas le temps de parler et n'est pas disposé à vous parler plus tard, vous pouvez le rayer de votre liste. Après avoir parlé avec chaque éleveur, comparez les réponses.

Voici quelques questions à poser. Veillez à prendre des notes attentives lors de votre entretien avec l'éleveur :

- Demandez si vous pouvez vous rendre sur place en personne. La réponse devrait toujours être oui, et si ce n'est pas le cas, vous n'avez pas besoin de poser d'autres questions. Remerciez l'éleveur et raccrochez. Même si l'éleveur est situé dans un département différent, il devrait vous permettre de visiter l'établissement.

- Renseignez-vous sur les examens de santé et les certifications requis qu'ils ont pour leurs chiots. Ces points sont abordés plus en détail dans la section suivante, alors assurez-vous de vérifier les examens et certifications disponibles pour chaque éleveur. S'ils n'ont pas tous les examens et certifications, vous voudrez peut-être retirer l'éleveur de votre liste.

- Assurez-vous que l'éleveur s'occupe toujours de toutes les exigences de santé initiales dans les premières semaines jusqu'aux premiers mois, en particulier les vaccins. Les chiots nécessitent que certaines procédures soient effectuées avant de quitter leur mère pour s'assurer qu'ils sont en bonne santé. Les vaccinations et les vermifuges commencent généralement environ six semaines après la naissance des chiots, puis doivent être poursuivis toutes les trois semaines. Au moment où votre chiot est assez âgé pour rentrer à la maison, il devrait être bien avancé dans les procédures, ou même à jour concernant les premières phases de ces importants soins de santé.

● Demandez si le chiot doit être stérilisé avant d'atteindre un certain âge de maturité. Généralement, ces procédures sont effectuées dans l'intérêt des chiots.

● Découvrez si l'éleveur fait partie d'une organisation ou d'un groupe sur les teckels.

● Renseignez-vous sur les premières phases de la vie de votre chiot, comme la façon dont l'éleveur prévoit de prendre soin du chiot pendant ces premiers mois. Ils devraient être en mesure de fournir beaucoup de détails, et ils devraient le faire sans avoir l'air irrités que vous posiez la question. Ils devraient également vous faire savoir combien d'éducation vous pouvez vous attendre à ce qu'ils aient fait avant l'arrivée du chiot dans votre maison. Il est possible que l'éleveur commence à apprendre la propreté au chiot. Si c'est le cas, demandez à quelle vitesse le chiot a assimilé l'apprentissage. Vous voulez pouvoir reprendre là où l'éleveur s'est arrêté une fois que votre teckel arrive chez vous.

● Voyez quel type de conseils l'éleveur donne sur l'élevage de votre chiot teckel. Ils devraient être plus qu'heureux de vous aider à faire ce qui est le mieux pour votre chien parce qu'ils voudront que les chiots vivent des vies heureuses et saines. Vous devriez également pouvoir compter sur les recommandations, les conseils et les soins supplémentaires d'un éleveur après l'arrivée du chiot chez vous. En somme, vous obtenez un SAV, ainsi qu'une grande chance d'avoir un chien en bonne santé.

● Demandez combien de portées l'éleveur gère par an. Combien de couples de parents l'éleveur a-t-il ? Les chiots peuvent prendre beaucoup de temps et d'attention, et la mère devrait avoir du temps de repos entre les grossesses. Renseignez-vous sur les opérations standard de l'éleveur pour savoir s'ils prennent soin des parents et les traitent comme des membres précieux de la famille et pas strictement comme un moyen de gagner de l'argent.

● Renseignez-vous sur l'agressivité chez les parents. Découvrez également s'ils ont d'autres races de chiens à la maison. Bien que les chiots soient plus malléables en termes de tempérament que les adultes, s'ils ont déjà eu une certaine exposition à d'autres races, cela peut faciliter leur intégration dans une maison qui a déjà des chiens.

Contrats et garanties

Les contrats et garanties des éleveurs sont destinés à protéger les chiots autant que vous. Si un éleveur a un contrat qui doit être signé, assurez-vous de le lire complètement et d'être prêt à satisfaire à toutes les exigences avant de le signer. Les contrats ont tendance à être assez faciles à comprendre et à respecter, mais vous devriez être au courant de tous les faits avant d'accepter quoi que ce soit. Au-delà de verser l'argent pour le chiot, signer le contrat indique que vous êtes sérieux quant à la façon dont vous compter prendre soin du chiot au mieux de vos capacités en répondant aux exigences minimales établies par l'éleveur. Un contrat peut également stipuler que l'éleveur conservera les papiers d'enregistrement originaux du chiot, bien que vous puissiez en obtenir une copie.

Lorsqu'une famille ne respecte pas l'accord du contrat, l'éleveur peut reprendre le chiot à cette famille. Ce sont ces chiens que certains éleveurs rendent disponibles à l'adoption.

La garantie indique quelles conditions de santé l'éleveur promet pour ses chiots. Cela comprend généralement des détails sur la santé du chien et des recommandations sur les prochaines étapes des soins du chiot une fois qu'il quitte l'établissement de l'éleveur. Les garanties peuvent également fournir des calendriers pour s'assurer que les soins de santé commencés par l'éleveur sont poursuivis par le nouveau propriétaire du chiot. Dans le cas où un problème de santé majeur est découvert, le chiot devra être retourné à l'éleveur. Le contrat expliquera également ce qui n'est pas garanti. La garantie a tendance à être très longue (parfois plus longue que le contrat), et vous devriez la lire attentivement avant de la signer.

Les contrats concernant les teckels sont généralement assortis d'une obligation de faire stériliser le chien une fois qu'il atteint sa maturité (généralement six mois). Le contrat peut également contenir des exigences de dénomination, des détails de santé et une stipulation sur ce qui se passera si vous ne pouvez plus prendre soin de l'animal (le chien retourne généralement à l'éleveur). Il pourrait également inclure des informations sur ce qui se passera si vous êtes négligent ou abusif envers votre chien.

Examens de santé et certifications

Un chiot en bonne santé nécessite des parents en bonne santé et un historique génétique propre. Un bon éleveur conserve des registres détaillés de chaque chiot et des parents. Vous voudrez examiner l'historique complet de chacun des parents pour comprendre quels traits votre chiot est susceptible d'hériter. Faites attention aux capacités d'apprentissage, au tempérament, à la dépendance et à tout trait de personnalité que vous considérez important. Vous pouvez soit demander que les documents vous soient envoyés électroniquement, soit les obtenir lorsque vous visitez l'éleveur en personne.

Cela pourrait prendre un certain temps pour examiner les informations de l'éleveur sur chaque parent, mais cela vaut toujours la peine de passer du temps à étudier et à planifier. Plus vous en savez sur les parents, mieux vous serez préparé pour votre chiot.

Lorsque vous cherchez un teckel à adopter, il y a plusieurs problèmes de santé sur lesquels vous devriez interroger les éleveurs ou les associations de sauvetage.

Voici les examens de santé que tous les éleveurs devraient s'assurer que leurs teckels passent :

- Examen cardiaque
- Examen des yeux réalisé par un vétérinaire ophtalmologiste diplômé (reconnu par l'Ordre des vétérinaires, avec résultats enregistrés auprès de la Société Centrale Canine ou consignés dans le LOF/LOF Select)
- Évaluation de la rotule

Les éleveurs qui prennent le temps de rejoindre l'une des nombreuses organisations de teckels prouvent qu'ils sont sérieux quant à la santé de leurs chiots. Cette organisation exige qu'un ensemble standardisé d'exigences soit respecté, donc l'adhésion indique que les éleveurs qui y adhèrent sont fiables et réputés.

Sélectionner un chiot auprès d'un éleveur

« Si vous choisissez un chiot auprès d'un éleveur, assurez-vous de connaître la personnalité des parents. Cela vous en dira beaucoup sur la personnalité que le chiot aura. Si possible, rencontrez vous-même les parents. »

Kim Gillet
Cameo Dachshunds

La sélection de votre chiot devrait se faire en personne. Cependant, vous pouvez commencer à examiner votre chiot après sa naissance si l'éleveur est prêt à partager des vidéos et des photos. Une fois que vous êtes autorisé à voir les chiots en personne, considérez ce qui suit :

- Évaluez le groupe de chiots dans son ensemble. Si la plupart ou tous les chiots sont agressifs ou craintifs, c'est une indication d'un problème avec la portée ou (plus probablement) l'éleveur. Voici quelques signaux alarmants s'ils sont affichés par la majorité des chiots :
  - Queues rentrées
  - Se recroquevillent loin des gens
  - Gémissements quand les gens s'approchent
  - Attaques constantes de vos mains ou pieds (au-delà de bondir)
- Remarquez à quel point chaque chiot joue bien avec les autres. C'est un excellent indicateur de la façon dont votre chiot réagira aux animaux que vous avez déjà à la maison.
- Remarquez quels chiots vous saluent en premier et lesquels restent en retrait pour observer.

- Les chiots ne devraient pas être gros ou en sous-poids. Un ventre gonflé est généralement un signe de vers ou d'autres problèmes de santé.

- Les chiots devraient avoir des pattes droites et robustes. Des pattes écartées peuvent être un signe qu'il y a quelque chose qui ne va pas.

- Examinez les oreilles du chiot pour détecter les acariens, qui provoqueront des écoulements. L'intérieur de l'oreille devrait être rose, pas rouge ou enflammé.

- Les yeux devraient être clairs et brillants.

- Vérifiez la bouche du chiot pour des gencives roses et d'apparence saine.

- Caressez le chiot pour vérifier son pelage et ce qui suit :

  - Assurez-vous que le pelage semble épais et fourni. Si l'éleveur a laissé le poil s'emmêler ou devenir vraiment sale, c'est une indication qu'ils ne prennent probablement pas correctement soin des animaux.

  - Vérifiez la présence de puces et d'acariens en passant votre main de la tête à la queue, puis sous la queue (les puces sont plus susceptibles de se cacher sous la queue de la plupart des chiens). Les acariens peuvent ressembler à des pellicules.

- Vérifiez le postérieur du chiot pour détecter des rougeurs et des plaies et voyez si vous pouvez vérifier la dernière selle pour vous assurer qu'elle est ferme.

Choisissez le chiot qui présente les traits de personnalité que vous souhaitez chez votre chien. Si vous voulez un chien avenant, amical et excitable, le premier chiot à vous saluer pourrait être celui que vous cherchez. Si vous voulez un chien qui réfléchit et laisse les autres recevoir plus d'attention, cherchez un chiot qui reste en retrait et vous observe avant de s'approcher.

CHAPITRE 4
Préparer votre famille

Préparer votre famille à l'arrivée de votre petit Teckel à la grande personnalité représente un défi particulier. Sa petite taille, son niveau d'énergie élevé et son intelligence en font un compagnon fascinant, et il s'intègre généralement à la famille bien plus rapidement que vous ne pourriez l'imaginer. C'est tellement amusant d'observer un chien si petit, à l'apparence quelque peu comique, faire preuve d'un tel courage. Les Teckels sont curieux, ce qui peut nous faire oublier qu'il faut être très prudent avec eux.

Comme mentionné précédemment, et c'est suffisamment important pour être répété, il est essentiel que vous fassiez comprendre à votre famille qu'elle doit faire attention au dos du chien. Les enfants, en particulier, auront besoin de se l'entendre rappeler souvent. Le petit Teckel paraît mignon et câlin, ce qui donne envie de le prendre et de le porter. Vous et votre famille devez vraiment résister à cette envie pour éviter de blesser le dos du chien. D'autres chapitres aborderont les risques pour la santé mais, pour l'instant, assurez-vous que chaque membre de la famille comprenne qu'il faut être prudent dans les interactions avec le petit chien (surtout les jeunes enfants).

Au-delà de cela, vous aurez un bon nombre de tâches à accomplir avant l'arrivée de votre nouveau chien. Vous devez déterminer qui sera responsable des différents besoins du chien, et décider où votre nouveau compagnon sera installé pendant au moins les deux premières semaines (même un chien adulte aura besoin d'un espace dédié au début, le temps de faire connaissance). Vous devrez établir qui est la personne principalement responsable des soins du chien, et vous assurer que tous les membres de votre famille gardent cela à l'esprit. C'est l'une des premières règles que vous devez mettre en place avant l'arrivée de votre Teckel.

Planifier le budget de la première année

Prendre soin d'un chiot coûte beaucoup plus cher qu'on ne pourrait le penser. Il est judicieux d'établir un budget, et c'est une bonne raison de commencer à acheter les fournitures quelques mois à l'avance.

Lorsque vous achetez les articles dont vous avez besoin, vous commencez à voir exactement combien vous dépenserez par mois. Bien sûr, certains articles sont des achats uniques, mais beaucoup d'autres devront être achetés régulièrement, comme la nourriture et les friandises.

Commencez à budgétiser le jour où vous décidez d'acquérir votre chiot. Le coût comprendra les frais d'adoption, qui sont généralement plus élevés pour un chien de race pure que pour un chien de refuge.

Les frais vétérinaires et autres coûts de santé, comme les vaccinations régulières et un bilan annuel, doivent être inclus dans votre budget.

Le tableau suivant peut vous aider à commencer à planifier votre budget. Gardez à l'esprit que les prix sont des moyennes approximatives et peuvent varier considérablement selon votre lieu de résidence.

Crédit photo :
Veronica Malhiot

Article	Considérations	Coûts estimés
Caisse	Cet espace doit être confortable pour que le chiot puisse dormir et se reposer.	Cages en métal : de 60 € à 350 € Cage de transport : de 35 € à 200 €
Panier	Cela sera placé dans la cage.	10 € à 55 €
Laisse	Au début, elle doit être courte pour que vous puissiez empêcher votre chiot de s'exciter et de courir au bout d'une longue laisse.	Laisse courte : 6 € à 15 € Rétractable : 8 € à 25 €
Sacs pour déjections canines lors des promenades	Si vous vous promenez dans des parcs, ce ne sera pas nécessaire. Pour ceux qui n'ont pas un accès quotidien aux sacs, il est préférable d'acheter des lots pour ne pas en manquer.	Moins de 1 € l'unité. Packs : de 4 € à 16 €
Collier	Il doit être ajusté confortablement, ni trop lâche ni trop serré. Au début, il peut être difficile de trouver le bon ajustement, et vous devrez le régler à mesure que votre chiot grandit.	10 € à 30 €
Médailles	Elles sont généralement fournies par votre vétérinaire. Renseignez-vous sur les informations présentes sur les médailles, puis achetez celles qui manquent. Votre Teckel doit au minimum avoir des médailles avec votre adresse au cas où il s'échapperait.	Contactez votre vétérinaire avant l'achat pour vérifier si les médailles antirabiques incluent vos coordonnées.
Nourriture pour chiot	Cela dépendra de si vous préparez la nourriture de votre Teckel, si vous l'achetez, ou les deux. Plus le sac est grand, plus le coût est élevé, mais vous devrez acheter de la nourriture moins souvent. Au début, il sera nécessaire d'acheter des croquettes spécifiques pour chiots, mais cela cessera après la deuxième année. La nourriture pour chiens adultes est plus coûteuse, donc prévoyez une augmentation des dépenses lorsque votre chiot deviendra adulte.	9 € à 90 € par sac

Gamelles d'eau et de nourriture	Elles doivent être placées dans l'espace réservé au chiot. Si vous avez d'autres chiens, prévoyez des gamelles distinctes pour le chiot. Si votre chiot est un grand mâcheur, envisagez une gamelle en acier inoxydable.	10 à 40 €
Brosse à dents/ Dentifrice	Il est nécessaire de brosser ses dents régulièrement, donc prévoyez d'acheter plusieurs brosses à dents durant la première année.	2,50 à 14 €
Brosse	Les types de poil des Teckels sont assez faciles à entretenir, mais il est important de les brosser régulière-ment. Pour les chiots, le brossage est un excellent moyen de créer des liens.	3,50 à 20 €
Jouets	Vous allez certainement vouloir acheter des jouets pour votre chiot, et vous aurez besoin de jouets pour les mâcheurs plus agressifs, même si votre chiot les détruit très rapide-ment. Vous souhaiterez peut-être continuer à offrir des jouets à votre Teckel à l'âge adulte (coût des jouets pour chiens adultes non inclus).	2,00 € Les lots de jou-ets varient de 10 à 20 € (plus facile à long terme car votre chiot va vite les mâchouiller)
Friandises d'éducation	Vous en aurez besoin dès le début, et il est probable que vous n'aurez pas à les changer en fonction de l'âge de votre Teckel; cependant, vous devrez peut-être les varier pour maintenir l'intérêt de votre chien.	4,50 € à 15 €

La différence de taille entre le chiot et l'adulte n'est pas substantielle, vous n'aurez donc pas besoin de deux cages différentes ou d'autres four-nitures en double. Cependant, vous devrez ajuster certains accessoires, comme le collier.

Sensibiliser les enfants

Vous voulez que votre chien se sente à l'aise dès le début, ce qui signifie s'assurer que vos enfants soient attentifs et doux avec lui, que vous prévoyiez d'adopter un chiot ou un adulte. Cette race a l'air absolument adorable, et certains enfants pourraient essayer de traiter le chien comme un jouet ou une peluche, ce qui pourrait être préjudiciable à votre Teckel. Vous devrez vous assurer que vos enfants suivent toutes les règles dès le début pour garantir que votre chiot se sente en sécurité, heureux et ne soit pas accidentellement blessé.

Rappelez régulièrement les règles suivantes à vos enfants, avant l'arrivée du chiot et après. Les adolescents plus âgés pourront probablement aider avec le chiot, mais les jeunes adolescents et les enfants ne devraient pas être laissés seuls avec le chiot pendant les premiers mois. N'oubliez pas que vous devrez être très ferme pour vous assurer que le chiot ne soit pas blessé ou effrayé.

Voici les cinq règles d'or que vos enfants devraient suivre dès la toute première interaction :

1. Toujours être doux et respectueux.

2. Ne pas déranger le chiot pendant les repas.

3. Les jeux de poursuites sont réservés à l'extérieur.

4. Le Teckel doit toujours rester bien au sol. Ne jamais le soulever. Insistez régulièrement sur ce point pour protéger la colonne vertébrale de votre Teckel.

5. Tous vos objets de valeur doivent être gardés hors de portée du chiot.

Puisque vos enfants vont demander pourquoi, voici les explications que vous pouvez leur donner. Vous pouvez les simplifier pour les plus jeunes, ou pour entamer un dialogue avec les adolescents.

Toujours être doux et respectueux

Les petits chiots Teckels sont très mignons et câlins, mais ils sont aussi fragiles. À aucun moment on ne doit jouer brutalement avec le chiot (ou avec un Teckel adulte). Il est important d'être respectueux envers votre chiot pour l'aider à apprendre à être également respectueux envers les personnes et les autres animaux.

Cette règle doit être appliquée systématiquement chaque fois que vos enfants jouent avec le chiot. Soyez ferme si vous voyez vos enfants devenir trop excités ou brusques. Vous ne voulez pas que le chiot s'excite trop non plus, car il pourrait finir par mordiller ou mordre quelqu'un. Si cela arrive, ce n'est pas sa faute car il n'a pas encore appris à faire mieux – c'est la faute de l'enfant. Assurez-vous que vos enfants comprennent les conséquences possibles s'ils sont trop brusques.

L'heure des repas

Les Teckels, comme presque toutes les races, peuvent être protecteurs de leur nourriture, surtout si vous adoptez un chien qui a dû se débrouiller seul auparavant. Même si vous avez un chiot, vous ne voulez pas qu'il se sente en insécurité concernant sa nourriture, car cela lui apprendrait à être agressif lorsqu'il mange. Épargnez-vous, à votre famille et à votre Teckel des problèmes en vous assurant que tout le monde sache que l'heure du repas est un moment où votre Teckel doit être laissé tranquille. De même, apprenez à vos enfants que leur propre repas est interdit au chiot. Pas de nourriture donnée depuis la table.

La poursuite

Assurez-vous que vos enfants comprennent pourquoi un jeu de poursuite est acceptable à l'extérieur (bien que vous deviez le surveiller), mais à l'intérieur de la maison, ce jeu est interdit.

Courir à l'intérieur de la maison donne à votre chiot Teckel l'impression que votre foyer n'est pas sûr car il est poursuivi. Et cela apprend à votre chiot que courir à l'intérieur est acceptable, ce qui peut être très dangereux à mesure que le chien grandit. L'une des dernières choses que vous souhaitez est que votre Teckel adulte se précipite dans votre maison en bousculant les gens parce qu'il était normal pour lui de courir dans la maison quand il était chiot.

Les pattes au sol

C'est une règle qui nécessitera probablement beaucoup d'explications à vos enfants, car les Teckels ressemblent beaucoup à des jouets, surtout les chiots Teckels. Personne ne devrait soulever le chiot du sol. Vous pourriez avoir envie de porter votre nouveau membre de la famille ou de jouer avec lui comme avec un bébé, mais vous et votre famille devrez résister à cette envie. Les enfants ont particulièrement du mal à comprendre puisqu'ils verront le chiot Teckel comme étant plus proche d'un jouet que d'une créature vivante. Plus vos enfants sont jeunes, plus il leur sera difficile de comprendre la différence.

Il est si tentant de traiter le Teckel comme un bébé et d'essayer de le porter comme tel, mais c'est incroyablement inconfortable et malsain pour le chiot. Les enfants plus âgés apprendront rapidement que le mordillement ou la morsure d'un chiot fait beaucoup plus mal qu'on ne le penserait. Ces petites dents sont très pointues, et vous ne voulez pas

Crédit photo :
Jessica Lynch

que le chiot soit lâché. Si vos enfants apprennent à ne jamais soulever le chiot, les choses se passeront beaucoup mieux. Souvenez-vous que cela s'applique également à vous, alors ne rendez pas les choses difficiles en faisant quelque chose que vous interdisez constamment à vos enfants.

Garder les objets de valeur hors de portée

Les objets de valeur ne sont pas quelque chose que vous voulez voir finir dans la gueule du chiot, qu'il s'agisse de jouets, de bijoux ou de chaussures. Vos enfants seront mécontents si leurs possessions personnelles sont mâchouillées par un chiot curieux, alors apprenez-leur à mettre les jouets, les vêtements et autres objets de valeur bien hors de portée du chiot.

Préparer vos chiens actuels

Les Teckels ont tendance à être faciles à vivre, donc l'interaction avec vos chiens dépendra de la personnalité de vos chiens actuels. Cela signifie que si vous avez déjà des canidés chez vous, ils devront être préparés à la nouvelle arrivée.

Voici les tâches essentielles à accomplir pour préparer vos animaux actuels à l'arrivée de votre nouveau compagnon :

- Établissez un programme pour les activités et les personnes qui devront y participer.
- Préservez les endroits et meubles préférés de vos chiens actuels, et assurez-vous que leurs jouets et affaires ne sont pas dans l'espace du chiot.
- Organisez des rencontres chez vous et analysez comment vos chiens réagissent à un nouvel arrivant.

S'en tenir à un programme

Évidemment, le chiot va recevoir beaucoup d'attention, vous devez donc faire un effort concerté pour faire savoir à vos animaux actuels que vous les aimez et prenez toujours soin d'eux. Prévoyez un moment spécifique dans votre emploi du temps uniquement pour votre chien ou vos chiens actuels, et assurez-vous de ne pas vous écarter de ce programme après l'arrivée du chiot.

Assurez-vous de prévoir au moins un adulte pour chaque chien que vous avez. Les chats sont généralement moins préoccupants, mais vous voudrez probablement avoir au moins un autre adulte présent lorsque le chiot rentrera à la maison. Nous entrerons plus en détail plus tard sur les rôles des autres adultes, mais pour l'instant, lorsque vous connaîtrez la date à laquelle vous ramènerez votre chiot à la maison, assurez-vous d'avoir des adultes supplémentaires pour vous aider. Vous devrez peut-être leur rappeler à mesure que le moment approche, alors configurez une alerte sur votre téléphone, ainsi que la date, l'heure et les informations de prise en charge pour votre chiot.

L'un des avantages d'avoir un programme en place pour vos autres chiens avant l'arrivée de votre chiot Teckel est qu'il sera alors facile de maintenir un programme avec le chiot. Les Teckels aiment savoir à quoi s'attendre, du moins au début.

Votre chiot va manger, dormir et passer la majeure partie du jour et de la nuit dans son espace désigné. Cela signifie que cet espace ne doit pas bloquer l'accès de votre chien actuel à ses meubles préférés, son lit ou tout endroit où il se repose au cours de la journée. Aucune des affaires de votre chien actuel ne doit se trouver dans cette zone, y compris les jouets. Vous ne voulez pas que votre chien ait l'impression que le chiot envahit son territoire. Assurez-vous que vos enfants comprennent de ne jamais mettre les affaires de votre chien actuel dans l'espace du chiot.

Votre chien et le chiot devront être tenus séparés les premiers jours (même s'ils semblent amicaux) jusqu'à ce que votre chiot ait terminé ses vaccinations. Les chiots sont plus sensibles aux maladies pendant cette période, alors attendez que le chiot soit protégé avant que les chiens passent du temps ensemble. Laisser le chiot dans son espace dédié les maintiendra séparés pendant cette période critique.

Aider votre chien actuel à se préparer – Rencontres supplémentaires à domicile

Voici ce qui aidera le mieux à préparer votre compagnon actuel à l'arrivée de votre chiot.

- Réfléchissez à la personnalité de votre chien pour vous aider à décider de la meilleure façon de préparer ce premier jour, cette première semaine et ce premier mois. Chaque chien est unique, vous devrez donc tenir compte de la personnalité de votre chien pour déterminer comment les choses se passeront lorsque le nouveau chien arrivera.

Si votre chien actuel aime les autres chiens, cela sera probablement vrai lorsque le chiot arrivera. Si votre chien a des tendances territoriales, vous devrez être prudent concernant l'introduction et les deux premiers mois afin que votre chien actuel apprenne que le Teckel fait maintenant partie de la meute. Les chiens excitables auront besoin d'une attention particulière pour éviter qu'ils ne s'agitent trop lorsqu'un nouveau chien arrive à la maison. Vous ne voulez pas qu'ils soient si excités qu'ils blessent accidentellement le petit Teckel.

- Considérez les moments où vous avez eu d'autres chiens chez vous et comment votre chien actuel a réagi à ces autres visiteurs à fourrure. Si votre canidé a manifesté des tendances territoriales, vous devriez être particulièrement prudent dans la façon dont vous présentez votre nouveau chiot. Si vous n'avez jamais invité un autre chien chez vous, organisez quelques rencontres avec d'autres chiens chez vous avant l'arrivée de votre nouveau chiot Teckel. Vous devez savoir comment vos compagnons actuels réagiront aux nouveaux chiens dans la maison afin de vous préparer correctement. Rencontrer un chien à la maison est très différent d'en rencontrer un à l'extérieur.

- Réfléchissez aux interactions de votre chien avec d'autres chiens depuis que vous le connaissez. Votre chien a-t-il montré un comportement protecteur ou possessif, que ce soit avec vous ou avec d'autres ? La nourriture est l'une des raisons pour lesquelles les chiens manifesteront une certaine forme d'agressivité, car ils ne veulent pas que quelqu'un essaie de manger ce qui leur appartient. Certains chiens peuvent également être protecteurs envers les personnes et les jouets.

Crédit photo :
Karen Syler

Les mêmes règles s'appliquent, peu importe combien de chiens vous avez. Pensez aux personnalités de chacun d'entre eux individuellement, ainsi qu'à la façon dont ils interagissent ensemble. Tout comme les personnes, vous constaterez peut-être que lorsqu'ils sont ensemble, vos chiens se comportent différemment, ce dont vous devrez tenir compte lors de la planification de leur première rencontre.

Consultez le chapitre 8 pour planifier la présentation de vos chiens actuels et de votre nouveau chiot, et comment gérer un nouveau chiot et vos animaux actuels.

Potentiellement amical envers toute votre famille, même les chats

L'une des raisons pour lesquelles tant de personnes sont si disposées à accueillir un Teckel chez elles est que cette race semble parfaitement aimante et affectueuse avec tout le monde. Les chiens plus âgés qui ont eu une mauvaise expérience ou qui n'ont pas été correctement socialisés peuvent ne pas être aussi gentils avec vos chats, vous devrez donc être plus prudent lors de la présentation. Même si le chat est plus grand que votre nouveau membre de la famille, votre Teckel n'aura pas peur de lui. Habituellement, les Teckels sont faciles à présenter aux chiens et aux chats déjà présents chez vous. Il est plus probable que votre chat soit agacé par ce nouvel intrus plutôt que votre Teckel soit intéressé à poursuivre le chat. Bien sûr, si votre chat s'enfuit, le chiot pensera que c'est un jeu, mais pour la plupart des Teckels, ils veulent simplement jouer.

Vous devrez faire quelques préparatifs dans votre maison (chapitre 5), et vous devrez être prudent lorsque vous présenterez votre nouveau Teckel à vos autres animaux (chapitre 7).

CHAPITRE 5
Préparer votre maison et votre emploi du temps

Peu importe l'âge du Teckel que vous accueillez chez vous, vous devrez consacrer quelques heures à préparer votre domicile. Comme les chiots et les adultes sont tous deux près du sol, bon nombre des précautions à prendre seront identiques ; vous devez repérer tous les risques potentiels au niveau du sol. Vous devrez également prendre des mesures supplémentaires pour favoriser la santé du dos de votre petit compagnon.

Aussi innocents qu'ils puissent paraître, n'oubliez pas que les Teckels sont des chiens intelligents, capables de comprendre des choses auxquelles vous ne vous attendriez pas. Cela signifie qu'ils vont explorer bien plus que vous ne l'imaginez. Cette curiosité représente un danger tant pour votre chiot que pour votre maison. Votre Teckel, par nature cu-

*Crédit photo :
Shari Starling*

Crédit photo :
Chloe Reynolds & Conor Chuck

rieux, tentera d'accéder aux placards, aux poubelles et à d'autres objets facilement accessibles dans votre domicile. Préparer votre maison pour un chiot assez petit pour se faufiler dans des espaces étroits est particulièrement délicat. N'oubliez pas qu'il s'agit d'une race qui, depuis des siècles, se faufile dans des terriers, ce qui leur permet de se glisser dans des espaces très restreints si vous n'êtes pas vigilant.

La semaine précédant l'arrivée de votre chiot, vous devriez effectuer de nombreuses vérifications pour vous assurer que votre maison est sûre pour le nouveau membre de la famille. Garantir à votre nouveau Teckel un espace sécurisé avec tous les éléments essentiels (y compris des jouets) fera de l'arrivée de votre nouveau compagnon un moment agréable pour tous, particulièrement pour votre nouveau compagnon.

Même si vous accueillez un Teckel adulte, vous devez vous préparer comme si vous accueilliez un bambin incroyablement têtu qui peut accéder à des endroits que vous n'auriez jamais crus accessibles. Les Teckels doivent apprendre que vous êtes aux commandes, ce qui signifie que vous devez gagner leur respect avant qu'ils ne vous écoutent. Si votre chien n'a pas déjà appris à ne pas prendre de nourriture, à ne pas monter sur les meubles, ou toute autre restriction que vous avez mise en place dans votre maison, vous aurez fort à faire pour éduquer votre nouvel ami. Sécuriser votre maison vous aidera à protéger votre chien pendant qu'il apprend à vous écouter.

Créer un espace sécurisé pour votre chien ou chiot

Votre chiot aura besoin d'un espace dédié comprenant une cage (plus d'informations à ce sujet dans la section suivante), des gamelles pour la nourriture et l'eau, des tapis d'éducation et des jouets. Tous ces éléments devront se trouver dans sa zone, là où le chiot sera lorsque vous ne pourrez pas lui accorder d'attention. L'espace du chiot doit être sécurisé et clôturé afin que le chiot ne puisse pas en sortir, et que les jeunes enfants et autres chiens ne puissent pas y entrer. Ce doit être un espace sûr où le chiot peut vous voir vaquer à vos occupations habituelles et se sentir à l'aise.

À faire et à ne pas faire pour préserver le dos de votre Teckel

Le dos de votre Teckel représente sans doute le plus grand risque potentiel pour sa santé. Même si votre chien ne présente aucun problème génétique, il peut se blesser le dos si vous ne préparez pas correctement votre maison. Cela sera encore plus crucial pour un adulte que pour un chiot.

Souvenez-vous, vous ne devriez jamais soulever votre Teckel. Cela représente un risque important pour sa santé, car la gravité fera que son corps se tordra et se déformera d'une manière qui blessera son dos. Ne soulevez jamais votre Teckel.

Pour vous assurer de n'avoir aucune raison de soulever votre chiot, ce qui est particulièrement important si vous avez des enfants, installez des rampes pour aider votre petit compagnon à atteindre les zones où il est autorisé à aller. Si vous permettez à votre Teckel de monter sur les meubles comme le sofa, vous devriez avoir une rampe pour qu'il puisse monter et descendre. Sauter des meubles peut le blesser. Sauter

Photo Courtesy
Erin Green

de votre lit ou de votre canapé quotidiennement augmente considérablement les risques de blessure au dos.

Vous pouvez également installer de petites marches. Si vous avez des escaliers, ce n'est pas un problème. Assurez-vous simplement qu'ils ne sont pas trop raides pour préserver le dos de votre chien. Si les escaliers sont raides, utilisez une barrière de sécurité pour empêcher votre Teckel de les utiliser. Cela signifie que l'espace du Teckel sera exclusivement au rez-de-chaussée. Si les escaliers sont à l'extérieur, construisez une rampe sur le côté pour votre Teckel.

Cages et apprentissage de la cage

L'apprentissage de la cage pour un chiot Teckel peut être assez facile (bien plus facile que l'apprentissage de la propreté), mais pas si vous avez une cage trop grande, trop petite ou trop dure pour que votre chien la considère comme un endroit sûr. Pour faciliter l'éducation à venir, vous devez vous assurer que la cage et la litière du chiot sont déjà installées et prêtes avant l'arrivée de ce dernier.

Ne prenez jamais la cage comme une prison pour votre chiot. Votre Teckel ne devrait jamais associer la cage à une punition. Elle est destinée à être un refuge après une surstimulation ou lorsqu'il est temps de dormir. Assurez-vous que votre chien n'associe jamais la cage à une punition ou à des émotions négatives. La cage doit être ajustable pour que vous puissiez l'agrandir un peu lorsque votre chiot devient adulte. Vous pouvez également acheter à votre chiot une cage de transport dans les premiers jours pour faciliter les visites chez le vétérinaire. Cette cage ne conviendra plus

*Photo Courtesy
Elisabeth Linka*

lorsque votre Teckel sera adulte (en fonction des rendez-vous vétérinaire), mais la cage de transport offre suffisamment d'espace pour un chiot.

Comme mentionné dans un chapitre précédent, vous pouvez utiliser la cage pour faciliter l'apprentissage de la propreté. Bien que les Teckels ne soient généralement pas faciles à éduquer à la propreté, vous pourriez vouloir placer un tapis d'éducation dans l'espace du chiot, aussi loin que possible de la cage. Cela donnera à votre chiot un endroit où aller en cas de mauvais temps. Assurez-vous de vous renseigner auprès de l'éleveur pour savoir si le chiot a déjà commencé l'apprentissage de la propreté. Si le chiot fait déjà des progrès, vous pourriez ne pas vouloir ajouter le tapis éducateur.

Achat et préparation des fournitures et outils

Planifier l'arrivée de votre chiot signifie acheter beaucoup de fournitures à l'avance. La liste est plus longue que la plupart des gens ne le réalisent, alors prenez le temps de réfléchir à ce dont vous aurez besoin en fonction de votre maison et de votre situation. Si vous commencez à faire des achats au moment où vous identifiez l'éleveur auprès duquel vous obtiendrez le chiot, vous pouvez étaler vos dépenses sur une période plus longue. Cela semblera beaucoup moins coûteux que ce n'est réellement. Voici les articles recommandés que vous devriez avoir achetés avant de ramener votre nouveau chien à la maison :

- Cage
- Panier
- Laisse
- Sacs à déjections pour les promenades
- Collier
- Médailles
- Nourriture pour chiot/adulte (selon l'âge du chien)
- Gamelles d'eau et de nourriture (partager une gamelle d'eau est généralement acceptable, mais votre chiot a besoin de sa propre gamelle de nourriture si vous avez plusieurs chiens)
- Brosse à dents/Dentifrice
- Brosse
- Jouets
- Friandises d'éducation
- Rampes ou marches si vous prévoyez de les utiliser

Consultez votre vétérinaire avant d'acheter des médicaments, y compris les traitements antipuces.

Crédit photo :
Emily Badman

Sécuriser la maison pour le chiot

« Pensez comme un chiot. Allongez-vous sur le sol et voyez ce que vous pouvez atteindre. Recherchez les petites ouvertures, les cordons électriques, les espaces ou objets dangereux et les objets fragiles. Rangez-les ou sécurisez-les pour que votre chiot ne puisse pas y accéder. Faites attention aux produits chimiques que vous utilisez pour le ménage, car tout finira dans leur gueule. Assurez-vous que tout ce qu'ils peuvent atteindre est sans danger pour jouer et mâcher. »

Shona Malapelli
Malapelli's Minions Teckels Miniatures

Préparer l'arrivée d'un chiot prend du temps, et toutes les pièces et tous les objets les plus dangereux de votre maison seront tout aussi dangereux pour votre chiot qu'ils le seraient pour un bébé. La plus grande différence est que votre Teckel sera mobile beaucoup plus rapidement qu'un enfant. Il se retrouvera potentiellement dans des situations dangereuses presque immédiatement si vous n'éliminez pas tous les dangers avant son arrivée dans votre maison.

Sachez que les chiots essaieront de manger pratiquement n'importe quoi. Rien n'est à l'abri, pas même vos meubles. Ils rongeront le bois et le métal. Tout ce qui est à leur portée est considéré comme étant à leur disposition. Gardez cela à l'esprit lorsque vous sécurisez votre maison pour votre chiot.

Dangers intérieurs et solutions

Cette section détaille les zones à l'intérieur de votre maison où vous devriez concentrer votre attention. En cas de problème, affichez le numéro de votre vétérinaire sur le réfrigérateur et dans au moins une autre pièce de la maison. Si vous le faites avant l'arrivée de votre chiot, il sera là si vous en avez besoin. Même si vous enregistrez le numéro de téléphone du vétérinaire dans votre téléphone, un autre membre de la famille ou quelqu'un qui s'occupe de votre Teckel pourrait en avoir besoin.

Les Teckels peuvent accéder à presque tout à leur hauteur, et ils exploreront beaucoup lorsqu'ils en auront l'occasion. Aussi intelligente que soit la race, il est préférable de surestimer ce que votre chiot peut faire et de vous préparer en conséquence. Mettez-vous à son niveau et observez chaque pièce du point de vue de votre Teckel. Vous êtes presque certain de trouver au moins une chose que vous avez manquée.

Dangers	Solutions	Estimation du temps
Cuisine		
Poisons	Conservez dans des placards sécurisés et à l'épreuve des enfants ou sur des étagères hautes	30 min
Poubelles	Utilisez une poubelle verrouillable ou placez-la dans un endroit sécurisé	10 min
Appareils	Assurez-vous que tous les câbles sont hors de portée	15 min
Aliments pour humains	Gardez hors de portée	Constamment (commencez à en faire une habitude)
Sol		
Surfaces glissantes	Posez des tapis ou des revêtements spéciaux conçus pour adhérer au sol	30 min – 1 heure
Zone d'éducation	Entraînez-vous sur des surfaces antidérapantes	Constant
Toilettes		
Brosse de toilette	Ayez-en une qui se verrouille ou gardez-la hors de portée	5 min/salle de bain
Poisons	Conservez-les dans des placards sécurisés à l'épreuve des enfants ou sur des étagères hautes	15 – 30 min/salle de bain
Toilettes	Gardez fermées	N'utilisez pas de produits chimiques de nettoyage automatiques pour toilettes
Constamment (commencez à en faire une habitude)	Placards	Gardez verrouillés avec des sécurités enfants

Buanderie

Vêtements	Rangez les vêtements propres et sales hors du sol et hors de portée	15 – 30 min
Poisons (eau de Javel, pods/détergents, feuilles de séchage et divers poisons)	Rangez-les dans des placards sécurisés ou sur des étagères en hauteur	15 min

À la maison

Plantes	Hors de portée	45 min – 1 heure
Poubelles	Utilisez une poubelle verrouillable ou placez-la dans un endroit sécurisé	30 min
Câbles électriques, cordons de stores	Cachez-les ou assurez-vous qu'ils soient inaccessibles; soyez particulièrement vigilant dans les zones de divertissement et informatiques	1,5 heure
Produits toxiques	Vérifiez qu'ils ne soient pas à portée; déplacez tous les produits toxiques dans un endroit centralisé et verrouillé	1 heure
Fenêtres	Assurez-vous que les cordons soient hors de portée dans toutes les pièces	1 – 2 heures
Cheminées	Rangez les produits de nettoyage et les outils hors de portée du chiot. Couvrez l'ouverture de la cheminée avec quelque chose que le chiot ne peut pas renverser.	10 min/cheminée
Escaliers	Bloquez l'accès pour que votre chiot ne puisse pas essayer de les monter ou descendre; vérifiez les barrières pour chiots	10 – 15 min
Tables basses/Tables d'appoint/Tables de chevet	Dégagez des objets dangereux (ex. ciseaux, matériel de couture, stylos et crayons)	30 – 45 min

Si vous avez un chat, gardez la litière hors du sol. Elle doit être placée quelque part où votre chat peut facilement y accéder mais pas votre Teckel. Comme cela implique d'apprendre à votre chat à utiliser le nouvel emplacement, c'est quelque chose que vous devriez faire bien avant l'arrivée du chiot. Vous ne voulez pas que votre chat subisse trop de changements significatifs en même temps. Le chiot sera une perturbation suffisante, si votre chat associe le changement au chiot, vous pourriez constater que le félin proteste en refusant d'utiliser la litière.

Dangers extérieurs et solutions

Cette section détaille les éléments à l'extérieur de votre maison qui nécessitent votre attention avant l'arrivée de votre chiot. Affichez également le numéro du vétérinaire dans l'une des zones abritées en cas d'urgence.

Dangers	Solutions	Estimation du temps
Garage		
Poisons	Conservez-les dans des placards sécurisés et à l'épreuve des enfants ou sur des étagères hautes (par ex., produits chimiques pour voiture, produits de nettoyage, peinture, entretien de pelouse), y compris l'engrais	1 heure
Poubelles	Placez-les dans un endroit sécurisé	5 min
Outils (par ex., jardinage, voiture, bricolage, outils électriques)	Assurez-vous que tous les câbles sont hors de portée : Gardez hors de portée et jamais suspendus sur les côtés des surfaces	30 min – 1 heure
Équipements (par ex., sport, pêche)	Gardez hors de portée et jamais suspendus sur les côtés des surfaces	Constant (prendre l'habitude)
Objets tranchants	Gardez hors de portée et jamais suspendus sur les côtés des surfaces	30 min

Vélos	Rangez-les en hauteur ou dans un endroit inaccessible au Teckel (pour éviter qu'il ne morde les pneus)	20 min
Clôture		
Réparations	Réparez toute brèche dans la clôture. Les Teckels sont des maîtres de l'évasion, donc assurez-vous qu'ils ne puissent pas facilement sortir de votre jardin.	30 min – 1 heure
Espaces	Bouchez tous les espaces, même s'ils sont intentionnels, pour éviter que votre Teckel ne s'échappe	30 min – 1 heure
Trous/Cuvettes à la Base	Remplissez toute zone pouvant être facilement contournée	1 – 2 heures
Jardin		
Poisons	Ne laissez aucun poison dans le jardin	1 – 2 heures
Plantes	Vérifiez que toutes les plantes basses ne sont pas toxiques pour les chiens; clôturez tout ce qui l'est (comme les vignes)	45 min – 1 heure
Outils (p. ex., outils d'entretien de pelouse et de jardinage)	Assurez-vous qu'ils sont hors de portée; assurez-vous que rien ne dépasse des tables extérieures	30 min – 1 heure

Ne laissez jamais votre Teckel seul dans le garage, même lorsqu'il est adulte. Il est probable que votre chiot sera dans le garage lors des voyages en voiture, c'est pourquoi il est important de le sécuriser pour le chiot.

Les Teckels ont été élevés pour creuser, vous devrez donc vous assurer qu'il n'y a pas de zones qui ont déjà des trous si vous ne voulez pas que votre Teckel les agrandisse. Si vous avez une clôture, vous devrez faire une inspection très approfondie pour vous assurer qu'il n'y a rien qui puisse être facilement déterré.

Les inspections de clôture sont quelque chose que vous devrez continuer à programmer au moins une fois par mois. Les Teckels sont d'habiles creuseurs, ce qui signifie que vous devrez vérifier si votre chiot a réussi à créer des trous. C'est aussi pourquoi vous ne pouvez jamais laisser votre Teckel dehors tout seul. Vous devrez toujours accompagner votre chien lorsqu'il sort pour faire ses besoins ou pour jouer, car lorsqu'il s'ennuie, il commencera très probablement à creuser. Vous ne voulez pas le mettre dehors pour qu'il fasse ses besoins pour découvrir qu'il s'est échappé dans les cinq minutes où vous l'avez laissé seul dehors.

Tout comme pour l'intérieur, vous devrez compléter vos préparatifs extérieurs en vous mettant à ras du sol et en examinant toutes les zones du point de vue d'un chiot. Encore une fois, vous êtes pratiquement certain de trouver au moins une chose que vous avez manquée.

Choisir votre vétérinaire

Commencez à chercher un vétérinaire pour votre Teckel avant même de choisir un éleveur. Vous devriez avoir choisi votre vétérinaire avant de ramener votre chien à la maison. Que vous obteniez un chiot ou un adulte, vous devriez emmener votre canidé chez le vétérinaire dans les 48 heures (24 heures sont fortement recommandées) suivant son arrivée pour vous assurer que votre chien est en bonne santé. S'il y a un vétérinaire près de chez vous qui est spécialisé dans les Teckels ou qui a déjà travaillé avec eux, ce sera le mieux pour votre chien. Compte tenu de la personnalité du Teckel, vous voulez un vétérinaire qui sait comment travailler avec un chien têtu. Obtenir un rendez-vous chez un vétérinaire peut prendre un certain temps, surtout s'il est spécialisé dans une race particulière, tout comme obtenir un rendez-vous chez le médecin. Vous devez avoir choisi votre vétérinaire et pris le premier rendez-vous bien avant l'arrivée de votre chien.

Voici quelques éléments à prendre en compte lorsque vous recherchez un vétérinaire :

- Quel est le niveau de familiarité du vétérinaire avec les Teckels ?

- Le vétérinaire n'a pas besoin d'être un spécialiste ; les Teckels sont une race très populaire. Cependant, vous voulez que votre vétérinaire ait une certaine expérience avec eux, notamment parce que la race présente un certain nombre de problèmes de santé. La familiarité avec les problèmes possibles aidera à identifier les symptômes ou les problèmes potentiels le plus tôt possible.

- À quelle distance de votre domicile se trouve le vétérinaire ?

- Vous ne voulez pas que le vétérinaire soit à plus de 30 minutes en cas d'urgence.

- Le vétérinaire est-il disponible pour les urgences après les heures d'ouverture ou peut-il recommander un vétérinaire en cas d'urgence ?

- Est-ce que le vétérinaire exerce au sein d'une clinique locale (donc il peut assurer lui-même les soins de suivi et d'urgence) ?

- Le vétérinaire est-il le seul vétérinaire ou a-t-il des associés ? S'il fait partie d'une association, pouvez-vous vous en tenir à un seul vétérinaire pour les visites au cabinet ?

- Comment les rendez-vous sont-ils pris ?

- Pouvez-vous y faire effectuer d'autres services, comme le toilettage et la pension ?

- Le vétérinaire est-il accrédité ?

- Quels sont les prix pour la visite initiale et les coûts normaux, comme pour les vaccins et les visites régulières ?

- Quels examens et contrôles sont effectués lors de la visite initiale ?

Avant de ramener votre chien à la maison, prenez le temps de rendre visite au vétérinaire que vous envisagez afin de voir à quoi ressemble l'environnement à l'intérieur du cabinet. Demandez si vous pouvez parler au vétérinaire pour voir s'il est disposé à vous mettre à l'aise et à répondre à vos questions. Le temps d'un vétérinaire est précieux, mais il devrait avoir quelques minutes pour vous aider à vous sentir confiant qu'il est le bon choix pour aider à prendre soin de votre canidé.

CHAPITRE 6
Accueillir votre Teckel à la maison

La première fois que votre Teckel franchira le seuil de votre porte sera une expérience mémorable dont vous vous souviendrez pendant des années. Votre adorable petit compagnon va rapidement devenir un membre à part entière de votre foyer, et tout commence par son arrivée.

Bien que ce moment sera à marquer d'une pierre blanche, il y a beaucoup d'éléments à garder à l'esprit pour vous assurer que votre chiot

Crédit photo :
Traci Gratzek

Crédit photo :
Sophie Ford

commence à comprendre qui est le maître tout en se sentant à l'aise dans son nouveau foyer.

Vous ne pouvez jamais prédire exactement comment votre chiot ou chien adulte va réagir, mais vous savez qu'il y aura autant d'incertitude de son côté que du vôtre. Avec leur personnalité affable et leur curiosité, vous n'aurez probablement pas autant d'anxiété qu'avec d'autres petites races. Cette curiosité va probablement l'emporter et votre chiot voudra explorer. Néanmoins, vous devrez vous assurer que cette exploration se fait dans un environnement sécurisé. Pas de liberté totale dans la maison, même si vous adoptez un chien adulte. Attendez-vous toutefois à ce qu'un chien adulte soit un peu plus méfiant, car vous ne connaissez peut-être pas ses expériences antérieures.

Assurez-vous de lire le chapitre 7 sur la façon d'introduire votre chien adulte dans un foyer multi-animaux. Bien que les Teckels ne soient généralement pas agressifs, votre nouveau chien n'a peut-être pas eu d'expériences positives avec d'autres chiens par le passé. Vous devez veiller à prendre votre temps durant les premiers jours.

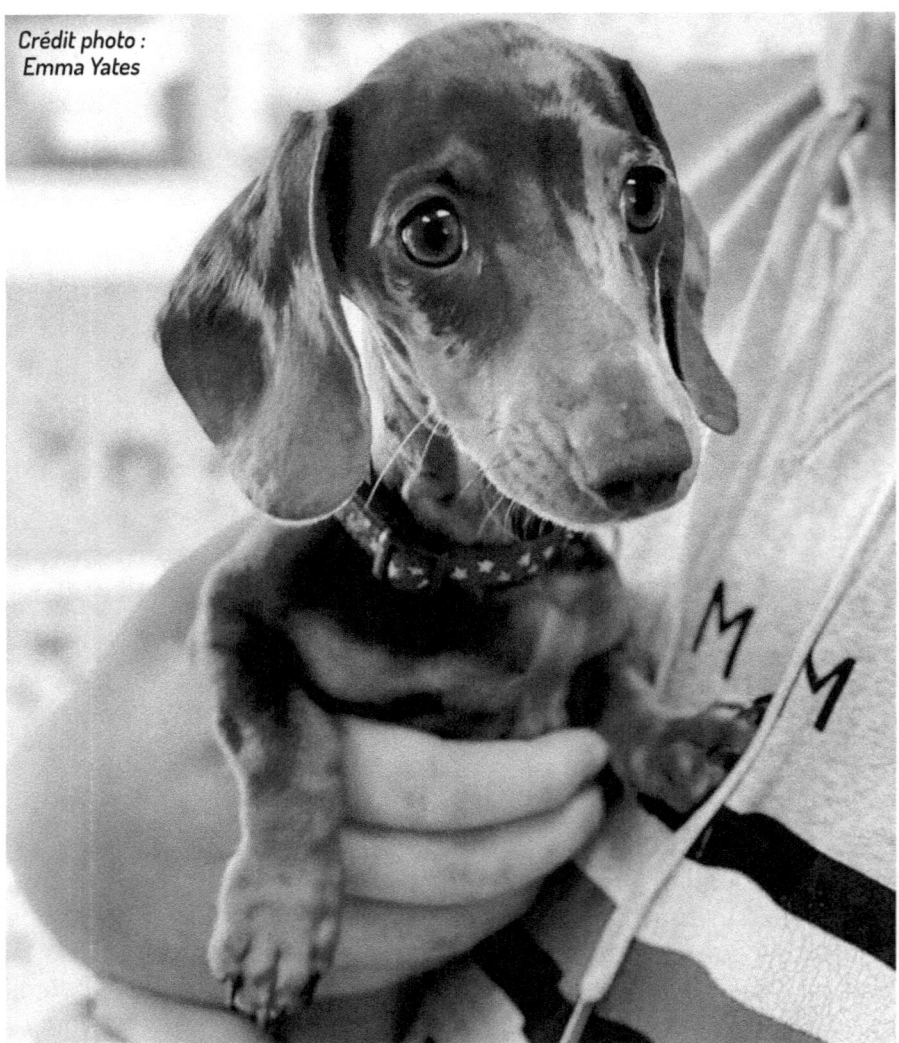

Crédit photo :
Emma Yates

Préparatifs finaux et planification

La plupart des races intelligentes nécessitent une présence constante pendant la première semaine et autant que possible durant le premier mois. Ils peuvent trouver un moyen de s'échapper de leur enclos, vous avez donc besoin de quelqu'un à la maison pour empêcher toute tentative d'évasion. Vous devriez prévoir de prendre des congés ou négocier du télétravail pendant au moins les premières 24 heures, voire les premières 48 heures. Le scénario idéal serait que vous soyez à la maison pendant la première ou les deux premières semaines. Plus vous pourrez consacrer de temps à aider votre nouvel ami à s'habituer à son nouvel environnement durant ces premiers jours, mieux ce sera pour votre nouveau membre de la famille et plus rapidement votre chiot se sentira à l'aise dans son nouveau foyer.

Voici quelques listes utiles pour vous aider dans la préparation de l'arrivée de votre chiot et les premiers jours suivant son arrivée chez vous.

Assurez-vous d'avoir de la nourriture et autres fournitures à portée de main

Faites une vérification rapide pour vous assurer que vous avez tout ce dont vous avez besoin. Si vous avez créé une liste basée sur les fournitures de base du chapitre 5, passez-la en revue la veille de l'arrivée de votre Teckel et assurez-vous que vous avez tout ce qui y figure. Prenez quelques instants pour réfléchir s'il vous manque quelque chose. Cela vous évitera probablement de devoir vous précipiter pour acheter des fournitures supplémentaires après l'arrivée de votre nouveau membre de la famille.

Établissez un programme provisoire pour votre chiot

Préparez un programme provisoire pour vous aider à démarrer au cours de la première semaine. Vos journées vont devenir très chargées, vous avez donc besoin d'un point de départ avant l'arrivée de votre chiot. Utilisez les informations de la section « Établir un programme » pour commencer, mais assurez-vous de vous y prendre assez tôt. Voici les trois domaines importants à établir pour le programme de votre chiot :

- L'alimentation

- L'éducation (y compris la propreté)

- Le jeu

Lorsque vous accueillez un chiot, vous vous attendez peut-être à beaucoup d'énergie. Cependant, les chiots de toutes races (peu importe leur niveau d'activité futur) ont besoin de beaucoup de sommeil. Attendez-vous à ce que votre chiot dorme entre 18 et 20 heures par jour. Avoir un horaire de sommeil prévisible aidera votre chiot à grandir en meilleure santé.

Au début, vous n'aurez pas à vous soucier de fatiguer votre chiot d'ici la fin de la journée. Son endurance se développera assez rapidement, et vers la fin de sa première année, votre compagnon sera beaucoup plus actif. L'un des meilleurs aspects de cette race est que leur niveau d'énergie s'adapte généralement à leur situation, vous n'aurez donc pas autant de difficulté à fatiguer votre Teckel que vous en auriez avec un Beagle ou un Jack Russell. Vous devrez néanmoins vous assurer qu'il reçoit suffisamment d'exercice en fonction de son apport calorique, car cette race est prédisposée à l'obésité, ce qui exerce beaucoup de pression sur leur dos.

Durant les premiers jours, l'emploi du temps de votre chiot tournera principalement autour du sommeil et de l'alimentation, avec quelques promenades et de la socialisation. Les heures d'éveil incluront l'éducation et le jeu.

Effectuez une dernière inspection de sécurité avant l'arrivée du chiot

Peu importe à quel point vous êtes occupé, ou avec quelle minutie vous avez suivi les listes de vérification de sécurité du chapitre précédent, vous devez prendre le temps d'inspecter votre maison une dernière fois avant l'arrivée du chiot. Réservez une heure ou deux pour terminer cette inspection un jour ou deux avant l'arrivée du chiot.

Réunion initiale

Organisez une réunion avec tous les membres de la famille pour vous assurer que toutes les règles discutées au chapitre 4 sont mémorisées et comprises avant que le chiot ne devienne une distraction. Cela inclut la façon de manipuler le chiot. Déterminez qui sera responsable des soins principaux du chiot, y compris qui sera l'éducateur principal. Pour aider les jeunes enfants à apprendre la responsabilité, un parent peut s'associer à un enfant pour gérer les soins du chiot. L'enfant peut être responsable de tâches comme garder le bol d'eau rempli et nourrir le chiot, tandis qu'un parent supervise ces tâches.

Aller chercher votre chiot ou chien et le trajet de retour

Aller chercher votre chiot nécessite beaucoup de planification et de préparation, surtout si vous vous rendez chez l'éleveur. Si possible, prévoyez d'aller chercher votre chiot un week-end ou au début d'une période de vacances afin de pouvoir passer du temps sans précipitation à la maison avec lui. Cette section couvre la préparation et le trajet, mais pas ce qu'il faut faire si vous avez d'autres chiens que vous devez présenter (chapitre 8).

Aussi tentant que cela puisse être de câliner votre chiot, utiliser une cage de transport pour le trajet de retour est à la fois plus sûr et plus confortable pour le chiot. Deux adultes devraient être présents lors de ce premier trajet.

- La cage doit être fixée dans la voiture pour des raisons de sécurité et inclure un coussin. Si vous avez un long trajet, apportez de la nourriture et de l'eau et prévoyez de vous arrêter pour les donner au chiot pendant le voyage. Ne les mettez pas dans la cage car ils ne seront pas fixés, et l'eau qui éclabousse peut effrayer votre chiot. Vous pouvez couvrir le fond de la cage avec une serviette ou un tapis absorbant en cas d'accident.

- Appelez l'éleveur pour vous assurer que tout est toujours prévu comme convenu et que le chiot est prêt.

- Demandez, si vous ne l'avez pas déjà fait, si vous pouvez obtenir une couverture imprégnée de l'odeur de la mère pour aider à rendre la transition du chiot plus confortable.

- Assurez-vous que l'autre adulte se souvient et sera à l'heure pour se rendre au lieu de rendez-vous.

- Si vous avez d'autres chiens, assurez-vous que tous les adultes impliqués savent quoi faire, l'heure et où aller pour cette première rencontre en territoire neutre.

Si vous n'avez pas d'autres chiens, vous pouvez aller chercher votre chiot et rentrer directement chez vous. Si vous avez un long trajet (plus de quelques heures), prévoyez des pauses toutes les quelques heures pour donner à votre

Crédit photo :
Peyton Wilhelm

chiot une chance de s'étirer, de faire de l'exercice, de boire et de faire ses besoins. Ne laissez jamais le chiot seul dans la voiture, quelle que soit la durée. Si vous devez utiliser les toilettes, au moins un adulte doit rester avec le chiot pendant chaque arrêt.

Demandez à l'éleveur si le chiot a déjà été en voiture auparavant, et si ce n'est pas le cas, il est particulièrement important d'avoir quelqu'un qui puisse accorder de l'attention au chiot pendant que l'autre personne conduit. Le chiot sera dans la cage, mais quelqu'un peut quand même lui apporter du réconfort. Ce sera certainement effrayant car le chiot n'a plus sa mère, ses frères et sœurs ou des personnes connues autour de lui, donc avoir quelqu'un présent pour lui parler rendra l'épreuve moins difficile pour le petit.

C'est le moment de commencer à apprendre à votre chiot que les voyages en voiture sont agréables. Cela signifie s'assurer que la cage est bien fixée. Vous ne voulez pas terrifier le chiot en laissant la cage glisser pendant qu'il est assis impuissant à l'intérieur.

Lorsque vous arrivez à la maison, emmenez immédiatement le chiot ou le chien dehors pour faire ses besoins. Même si le chiot ou le chien a eu un accident en chemin, c'est le moment de commencer à apprendre à votre nouveau membre de la famille où faire ses besoins.

La première visite chez le vétérinaire et à quoi s'attendre

Une visite chez le vétérinaire est nécessaire dans les premiers jours suivant l'arrivée de votre chiot et peut être exigée dans le contrat que vous avez signé avec l'éleveur. Vous devez établir une base de référence pour la santé du chiot afin que le vétérinaire puisse suivre ses progrès et s'assurer que tout se passe bien pendant la croissance de votre Teckel. L'évaluation initiale vous donne plus d'informations sur votre chiot, ainsi que l'occasion de poser des questions au vétérinaire et d'obtenir des conseils. Elle crée également un rapport important entre votre Teckel et le vétérinaire.

Cette première visite chez le vétérinaire sera intéressante et très différente des visites suivantes. Votre chiot ne saura pas à quoi s'attendre puisqu'il n'a jamais été chez ce vétérinaire particulier. Essayez de faire de votre mieux pour apaiser son anxiété. Vous voulez que cette première visite établisse un ton positif pour toutes les visites futures.

Il y a plusieurs choses que vous devrez faire avant le jour du rendez-vous :

- Renseignez-vous sur l'heure à laquelle vous devez arriver pour remplir les documents pour le nouveau patient.

- Demandez si vous devez apporter un échantillon de selles pour cette première visite. Si oui, collectez-le le matin de la visite et assurez-vous de l'emporter avec vous.

- Apportez les documents fournis par l'éleveur ou l'association de secours pour que le vétérinaire les ajoute au dossier de votre chiot ou chien.

À votre arrivée, votre chiot voudra peut-être rencontrer les autres chiots et personnes dans le cabinet, ce qui peut être encouragé tant que vous gardez à l'esprit quelques règles de base. Après tout, c'est une occasion de travailler sur la socialisation du chiot et de créer une première expérience positive associée au vétérinaire, bien que vous deviez être prudent. Demandez toujours au propriétaire s'il est d'accord pour que votre chiot rencontre leur animal, et attendez l'approbation avant de laisser votre chiot aller de l'avant pour rencontrer d'autres animaux. Les animaux chez le vétérinaire ne se sentent probablement pas très bien, ce qui signifie qu'ils peuvent ne pas être très sociables. Vous ne voulez pas qu'un chien plus âgé grincheux ou un animal malade morde ou effraie votre chiot. Les expériences sociales négatives sont quelque chose dont votre chiot se souviendra, et qui fera de la visite chez le vétérinaire quelque chose à redouter ou à éviter. Vous ne voulez pas non plus que votre chiot soit exposé à des maladies potentielles alors qu'il reçoit encore ses vaccins.

Lors de la première visite, le vétérinaire effectuera une évaluation initiale de votre Teckel. L'une des choses les plus importantes que le vétérinaire fera est de prendre le poids de votre chiot. C'est quelque chose que vous allez devoir surveiller toute la vie de votre Teckel car cette race est prédisposée à l'obésité. Notez le poids pour vous-même afin de voir à quelle vitesse le chiot grandit. Demandez à votre vétérinaire quel est le poids de forme à chaque étape, et notez-le également. Les Teckels grandissent incroyablement vite pendant la première année, mais vous devez quand même vous assurer que votre chien ne prend pas plus de poids que ce qui est sain.

Le vétérinaire fixera la date pour la prochaine série de vaccins, qui aura probablement lieu peu de temps après l'arrivée de votre chiot.

Lorsque viendra le moment de ses vaccinations, soyez prêt à ce que votre chiot se sente un peu mal pendant un jour ou deux.

Éducation à la cage et autres formations préliminaires

Comme mentionné, l'éducation commence dès le moment où votre Teckel devient votre responsabilité. Étant donné que votre chien peut être têtu, vous voulez commencer à habituer votre chiot à l'idée que c'est vous qui êtes à la barre. Cela aidera à contrebalancer la nature obstinée du Teckel. Ne vous attendez pas à ce que l'éducation élimine ce comportement, mais vous pouvez au moins faire savoir à votre nouveau chiot quelle est la hiérarchie.

Les chiots de moins de six mois ne devraient pas rester dans la cage pendant des heures d'affilée. Ils ne pourront pas retenir leur vessie aussi longtemps, vous devez donc vous assurer qu'ils ont un moyen de sortir et de faire leurs besoins à un endroit acceptable. Si vous adoptez un chien adulte qui n'est pas propre, vous devrez suivre les mêmes règles.

Assurez-vous que la porte est réglée de manière à ne pas se fermer sur votre chien pendant qu'il renifle initialement la cage. Vous ne voulez pas que votre Teckel soit heurté par la porte qui se ferme et qu'il soit effrayé.

Répétez cela pendant plusieurs semaines jusqu'à ce que votre chien se sente à l'aise dans la cage. Faire cela plusieurs fois par jour peut aider votre chien à apprendre que tout va bien et que la cage n'est pas une punition. Au début, vous ferez cela pendant que vous êtes encore à la maison ou lorsque vous sortez chercher le courrier. Dès que votre chiot peut tenir une demi-heure sans gémir pendant que vous êtes hors de la pièce, vous pouvez commencer à le laisser seul pendant que vous êtes absent, en limitant le temps à pas plus d'une heure au début.

Une fois que votre chien comprend qu'il n'est pas censé détruire votre maison, l'éducation à la cage est terminée.

L'objectif durant ces premières semaines est de commencer l'apprentissage de la propreté et de minimiser tout comportement indésirable. L'éducation dès le début est vitale, mais n'emmenez pas encore votre nouveau chiot à des cours. C'est parce que la plupart des chiots n'ont pas reçu tous les vaccins nécessaires, et les bons éducateurs ne les autoriseront pas en cours tant que la première série complète de vaccins n'est pas terminée. Les chapitres 10 et 12 offrent un regard plus approfondi sur les différents types d'éducation que vous devriez commencer et comment poursuivre après les premières semaines.

Les frayeurs de la première nuit

Cette première nuit va être effrayante pour votre petit chiot Teckel. Aussi compréhensible que cela puisse être, il faut limiter la quantité de réconfort que vous donnerez à votre nouveau membre de la famille. Tout comme avec un bébé, plus vous répondez aux pleurs et aux gémissements, plus vous apprenez à un chiot que les comportements négatifs produiront les résultats désirés. Vous devrez être prêt à un exercice d'équilibriste pour rassurer votre chiot que tout ira bien tout en l'empêchant d'apprendre que pleurer attire votre attention.

Créez un espace de couchage uniquement pour votre chiot près de l'endroit où vous dormez. Cet espace devrait contenir le lit du chiot bien installé dans une cage. Cela lui offre un endroit sûr où se cacher pour qu'il puisse se sentir plus à l'aise dans une nouvelle maison étrange. Toute la zone devrait être bloquée pour que personne ne puisse y entrer (et que le chiot ne puisse pas en sortir) pendant la nuit. Elle devrait également être proche de l'endroit où les gens dorment pour que le chiot ne se sente pas abandonné. Si vous avez pu obtenir une couverture ou un oreiller qui sent comme la mère, assurez-vous que cela se trouve dans l'espace de votre chiot. Vous pouvez envisager d'ajouter un fond sonore constant (comme un ventilateur, une radio à faible volume ou une application de sons apaisants) afin de couvrir les bruits inhabituels qui pourraient effrayer votre nouvel animal.

Votre chiot fera des bruits au cours de la nuit. Ne déplacez pas le chiot, même si les gémissements vous tiennent éveillé. Si vous cédez, avec le temps, les gémissements, les plaintes et les pleurs deviendront plus forts. Être éloigné des gens ne fera qu'effrayer davantage le chiot, renforçant l'anxiété qu'il ressent. Pendant la nuit, votre chiot ne gémit pas parce qu'il est resté trop longtemps dans la cage ; il a peur ou veut que quelqu'un soit avec lui. Il n'a probablement jamais été seul la nuit avant d'arriver chez vous. Épargnez-vous des problèmes plus tard en apprenant au chiot que gémir ne fonctionne pas toujours pour le faire sor-

Crédit photo :
Ariel Bosin

tir de la cage. Avec le temps, être simplement proche de vous la nuit sera suffisant pour rassurer votre chiot que tout ira bien.

Les chiots auront besoin d'aller aux toilettes toutes les deux à trois heures, et vous devrez vous lever pendant la nuit pour vous assurer que votre chiot comprend qu'il doit toujours faire ses besoins soit dehors, soit sur le tapis absorbant. Si vous le laissez faire la nuit, vous aurez du mal à lui apprendre plus tard qu'il ne peut pas faire dans la maison, surtout que les Teckels sont déjà si difficiles à éduquer à la propreté.

Les Teckels ne devraient vraiment pas être autorisés sur le lit car ils ne devraient pas sauter des meubles. Cependant, si vous laissez votre chien sur le lit, vous aurez besoin d'une rampe ou d'escaliers et votre chien devra être éduqué à les utiliser pour monter et descendre du lit. Si vous choisissez de laisser votre chien sur le lit, attendez qu'il soit complètement propre. Vous allez devoir vous assurer que l'éducation est terminée, tant pour la propreté que pour l'utilisation des escaliers/rampe. Il est préférable de simplement garder votre Teckel hors des meubles pour que votre chiot ne se blesse pas et pour éviter que vos meubles ne soient abîmés.

CHAPITRE 7
Le foyer multi-animaux

« Ne laissez jamais votre nouveau chiot seul avec votre chien actuel. Une surveillance lors des jeux est indispensable. Laissez-les s'habituer l'un à l'autre mais assurez-vous qu'ils soient tous deux en sécurité. Les chiots ont des dents très pointues et peuvent ne pas encore savoir que mordre trop fort fait mal. Cela peut provoquer une réaction vive chez un animal plus âgé. »

Shona Malapelli
Teckels Miniatures « Malapelli's Minions »

Crédit photo :
Aaron and Minette McGeehon

Leur nature douce et affectueuse fait généralement des Teckels un ajout relativement facile à la famille. Les chiots sont généralement faciles à présenter aux nouveaux membres de la famille car ils ne demandent qu'à aimer tout le monde. Les Teckels adultes peuvent être un peu plus délicats, selon leur passé ; s'ils ont été socialisés, ils ne poseront généralement pas de problème. Dans le cas contraire, leur introduction dans votre foyer pourrait s'avérer particulièrement intéressante.

Dans de nombreux cas, l'introduction de votre nouveau Teckel pourrait dépendre davantage de la façon dont vos autres chiens perçoivent l'arrivée d'un nouveau chien dans le foyer. Tant que vos chiens apprécient aussi la compagnie d'autres chiens, il sera incroyablement facile de les habituer les uns aux autres. Assurez-vous que les vaccins de votre chien actuel sont à jour. Il sera presque impossible de les tenir séparés (votre chien sera curieux), vous devrez donc les présenter avant d'amener votre nouveau chien à la maison. La meilleure façon de protéger votre chiot est de vous assurer que les vaccins de votre chien sont à jour et qu'il ait passé un bilan de santé avant l'arrivée du nouveau chiot. Même si vous adoptez un adulte, vous devriez faire examiner votre chien pour vous assurer que tous sont en bonne santé.

Même si tous les chiens concernés ont tendance à apprécier la compagnie d'autres chiens, vous devrez tout de même suivre le même processus pour les présenter. Il s'agit surtout de s'assurer que tous les chiens se sentent à l'aise, notamment en étant sur un terrain neutre lors de cette première rencontre. Prévoyez que la première rencontre se déroule sur un terrain neutre, pas chez vous, peu importe à quel point votre chien actuel est amical. Après cette introduction, il sera presque certainement facile de commencer à intégrer votre nouveau chien dans le cercle poilu de la famille.

Il y a plusieurs avantages à avoir déjà un chien chez vous. Même si vous ramenez un adulte, votre chien actuel peut aider à enseigner les règles à votre nouveau Teckel. Si vous ramenez un chiot, votre chien actuel pourrait être un excellent mentor pour votre chiot (selon la patience de votre chien avec les chiots). Avoir un autre chien facilite également la socialisation, car il est probable que votre Teckel remarquera que votre autre chien vous écoute, ce qui pourrait faciliter l'obéissance du Teckel. Cela fonctionne dans les deux sens cependant. Si votre chien actuel présente des comportements indésirables, vous voudrez peut-être essayer de les corriger avant l'arrivée de votre chiot – vous ne voulez pas que votre Teckel prenne de mauvaises habitudes.

Présenter votre nouveau chiot à vos autres animaux

Présentez toujours tous les nouveaux chiens à votre chien ou vos chiens actuels, quel que soit leur âge, dans un lieu neutre loin de votre domicile. Même si vous n'avez jamais eu de problèmes avec votre chien actuel, vous êtes sur le point de changer son monde. Choisissez un parc ou un autre espace public où votre chien ne se sentira pas territorial et prévoyez d'y présenter votre chien au chiot. Cela donne aux animaux l'opportunité de se rencontrer et de faire connaissance avant d'entrer ensemble dans votre maison.

Lors de la présentation de votre chien et du chiot, assurez-vous d'avoir au moins un autre adulte avec vous afin qu'il y ait une personne pour gérer chaque canidé. Si vous avez plus d'un chien, vous devriez avoir un adulte par chien. Cela facilitera le contrôle de tous les chiens. Même les meilleurs chiens peuvent s'exciter excessivement à la rencontre d'un chiot. L'une des personnes qui doit être présente est celle qui est responsable des animaux dans votre foyer (ou les personnes si vous avez plus d'une personne responsable). Cela aide à établir la hiérarchie du groupe.

Crédit photo : Deborah Perez

Ne tenez pas votre chiot lorsque les chiens se rencontrent. Bien que vous puissiez vouloir protéger le chiot et le mettre à l'aise en le tenant, cela produit l'effet inverse. Votre chiot se sentira probablement piégé, sans moyen de s'échapper. Être au sol signifie que le chiot peut courir s'il en ressent le besoin. Tenez-vous près du chiot avec vos pieds légèrement écartés. Ainsi, si le chiot décide qu'il a besoin de s'échapper, il peut rapidement se cacher derrière vos jambes.

Surveillez si le poil de votre chien se hérisse. Le chiot et chaque chien devraient avoir quelques minutes pour se renifler, en s'assurant qu'il y a toujours un peu de mou dans la laisse. Cela aide les chiens à se sentir plus détendus puisqu'ils n'auront pas l'impression que vous essayez de les retenir. Votre chien voudra probablement soit jouer, soit simplement ignorer le chiot.

- S'ils veulent jouer, veillez simplement à ce que le chien ne blesse pas accidentellement le chiot.

- Si le chien finit par ignorer le chiot après un reniflement initial, c'est bien aussi.

Crédit photo :
Kayley Von Der Lieth

Si le poil de votre chien se hérisse ou s'il est clairement mécontent, gardez-les séparés jusqu'à ce que votre chien semble plus à l'aise avec la situation. Ne forcez pas la rencontre.

L'introduction pourrait prendre un certain temps, selon la personnalité de chaque chien. Plus votre chien est amical et acceptant, plus il sera facile d'intégrer votre nouveau chiot dans le foyer. Pour certains chiens, une semaine suffit pour commencer à se sentir à l'aise ensemble. Pour d'autres, cela pourrait prendre quelques mois avant qu'ils n'acceptent pleinement un nouveau chiot. Comme il s'agit d'une dynamique complètement nouvelle dans votre foyer, votre chien actuel pourrait ne pas être ravi que vous introduisiez un petit paquet d'énergie dans sa vie quotidienne. C'est suffisant pour rendre n'importe qui mécontent, mais surtout un chien qui s'est habitué à un certain mode de vie. Plus votre chien est âgé, plus il est probable qu'un chiot soit une addition mal accueillie. Les chiens plus âgés peuvent devenir grincheux face à un chiot qui ne comprend pas les règles ou qui ne semble pas savoir quand c'est assez. L'objectif est de faire en sorte que votre chiot se sente bienvenu et en sécurité, tout en faisant comprendre à votre chien plus âgé que votre amour pour lui est toujours aussi fort.

Une fois que votre nouveau membre de la famille et le reste de la meute canine commencent à faire connaissance et à se sentir à l'aise les uns avec les autres, vous pouvez rentrer chez vous. En entrant dans la maison, ils auront un peu plus de familiarité les uns avec les autres, ce qui rendra vos chiens actuels plus à l'aise avec le nouvel ajout à la famille.

Une fois à la maison, emmenez les chiens dans le jardin et retirez les laisses. Vous aurez besoin d'un adulte par chien, y compris le chiot. S'ils semblent aller bien ou si le chien est indifférent au chiot, vous pouvez laisser votre chien entrer, remettre la laisse au chiot, et garder le chiot en laisse lorsque vous entrez (après lui avoir montré où il est censé faire ses besoins).

Placez le chiot dans l'espace réservé aux chiots lorsque les présentations sont terminées. Assurez-vous que vos chiens ne peuvent pas accéder à cet espace et que votre chiot ne peut pas en sortir.

Présenter un chien adulte aux autres animaux

Vous devez toujours aborder l'introduction et les premières semaines avec prudence. Le nouveau Teckel adulte aura besoin de ses propres affaires au début, et devrait être gardé dans un espace séparé lorsque vous n'êtes pas présent jusqu'à ce que vous sachiez qu'il n'y aura pas de bagarre. Si vos chiens n'ont pas beaucoup d'intérêt à être le chef et aiment jouer rudement, il faudra moins de temps pour que votre nouveau Teckel s'intègre dans la meute.

Prévoyez que l'introduction prenne au moins une heure. Cela ne prendra probablement pas autant de temps, mais vous devez vous assurer que tous les chiens sont à l'aise pendant l'introduction. Comme les chiens sont tous adultes, ils devront avancer à leur propre rythme.

Suivez les mêmes étapes pour présenter vos chiens actuels à votre nouveau chien que vous le feriez avec un chiot.

- Commencez sur un territoire neutre.

- Ayez un adulte humain par chien présent lors de l'introduction (c'est encore plus important lors de l'introduction d'un canidé adulte).

- Présentez un chien à la fois, ne laissez pas plusieurs chiens rencontrer votre nouveau Teckel en même temps. Avoir plusieurs chiens qui s'approchent tous à la fois dans un environnement inconnu avec des personnes que le Teckel ne connaît pas très bien, vous pouvez probablement imaginer à quel point cela peut être stressant pour n'importe quel nouveau chien.

Contrairement à un chiot, assurez-vous d'apporter des friandises à la rencontre de deux chiens adultes. Les animaux réagiront bien aux friandises, et vous aurez un moyen de distraire rapidement tous les chiens s'ils sont trop tendus les uns avec les autres.

Pendant l'introduction, observez le Teckel et vos chiens pour voir si l'un d'eux hérisse son poil. C'est l'un des premiers signes vraiment évidents qu'un chien est mal à l'aise. Si le poil du Teckel se hérisse, reculez un peu dans les présentations. Faites-le en rappelant d'abord votre chien actuel. C'est aussi le moment où vous devriez commencer à agiter des friandises. Évitez de tirer sur les laisses pour séparer les chiens. Vous ne voulez pas ajouter de tension physique à la situation car cela pourrait déclencher une bagarre. Les friandises fonctionneront pour tous les chiens présents au début, et vos autres chiens devraient pouvoir répondre lorsque vous appelez leurs noms.

Si l'un des chiens montre ses dents ou grogne, rappelez votre chien et donnez aux chiens une chance de se calmer d'abord. Utilisez les friandises et une voix apaisante pour les aider à se détendre. Vous voulez que tous les chiens se sentent à l'aise lors de la première rencontre, alors ne forcez pas l'amitié. S'ils semblent mal à l'aise ou méfiants au début, vous devrez les laisser avancer à leur propre rythme.

Les chiens âgés et votre Teckel

Si votre chien actuel est plus âgé, gardez à l'esprit que les chiots sont énergiques et susceptibles de continuer à essayer d'engager le chien plus âgé dans le jeu. Cela peut être très éprouvant pour votre canidé plus âgé. Assurez-vous que votre chien plus âgé ne se fatigue pas trop des pitreries du chiot, car vous ne voulez pas que votre chiot apprenne à mordre d'autres chiens. Surveillez les signes indiquant que votre chien plus âgé est prêt pour un moment de solitude, un moment seul avec vous, ou simplement une pause loin du chiot.

Une fois que votre Teckel est prêt à quitter définitivement l'espace réservé aux chiots, vous voudrez toujours vous assurer que votre chien plus âgé dispose d'endroits sûrs où aller pour être seul au cas où il ne se sentirait pas à la hauteur pour être en présence d'un jeune plein d'entrain. Cela réduira la probabilité que votre chiot soit réprimandé à plusieurs reprises et apprenne donc à se méfier des chiens plus âgés.

Crédit photo :
Carolynn Hardcastle

   Même si vous adoptez un Teckel adulte, ils peuvent avoir beaucoup d'énergie et vouloir jouer avec d'autres chiens autour d'eux. Cela peut poser problème avec des chiens plus âgés, alors assurez-vous que les vieilles années de votre chien ne soient pas gâchées par un nouveau canidé qui a des règles qui n'ont pas de sens pour votre chien plus âgé et qui veut jouer d'une manière dont votre chien plus âgé n'est plus capable.

Agressivité canine et comportements territoriaux

Bien qu'ils soient connus pour être calmes, affectueux et sociables, les Teckels peuvent être étonnamment agressifs. Plus surprenant encore, ils apparaissent sur de nombreuses listes des chiens les plus agressifs. Certains propriétaires de Teckels ont signalé des problèmes d'agressivité chez leurs chiens dès l'âge de six semaines. Il sera extrêmement important que vous appreniez à dresser correctement votre Teckel dès que l'agressivité se manifeste. Vous ne pouvez pas réagir avec violence ou des mots durs car cela renforce l'agressivité.

S'ils ne sont pas correctement dressés, les chiens peuvent diriger leur agressivité vers les étrangers. Certains Teckels qui ne sont pas correctement socialisés seront très méfiants envers les visiteurs. Si vous ne voulez pas vous retrouver avec un Teckel qui doit être isolé lorsque vous avez de la compagnie, vous allez devoir apprendre à dresser votre chien. Il n'est pas difficile de dresser un Teckel pour qu'il soit ce petit chien doux que les gens adorent ; vous devez simplement être prêt à être ferme, cohérent et patient pour aider à faire ressortir la personnalité amicale de votre chien.

Lorsque des personnes viennent vous rendre visite, vous devrez leur dire comment interagir avec votre Teckel. Lorsqu'un Teckel se sent menacé ou effrayé, il peut réagir violemment. Même si votre Teckel est parfaitement dressé, si quelqu'un le prend dans ses bras, cela peut être une expérience effrayante pour lui. Ils ont l'air mignons et câlins, mais cela ne signifie pas qu'ils veulent être manipulés. Étant donné la facilité avec laquelle on peut blesser le long dos d'un Teckel, vous devrez être ferme quant à la façon dont vos visiteurs interagissent avec votre chien.

Ils peuvent être petits et amicaux, mais lorsqu'ils ont peur ou sont blessés, les Teckels aboient, ou dans les pires cas, mordent. Il en faut beaucoup pour figurer sur la liste des races les plus agressives. La raison pour laquelle la plupart des gens ne réalisent pas à quel point ils peuvent être agressifs est qu'ils n'ont pas l'air très menaçants. Compte tenu de leur histoire cependant, les Teckels peuvent être assez féroces. Rappelez-vous qu'agressif ne signifie pas mortel, mais cela pourrait tout de même être dangereux. D'autres petites races également considérées comme agressives comprennent les Jack Russell et les Chihuahuas.

N'utilisez pas de colliers étrangleurs ou d'autres renforcements négatifs sur votre Teckel. Non seulement ceux-ci blessent votre chien, mais un Teckel ne réagit pas bien au renforcement négatif car il pense par lui-même. Ce que vous enseignez à votre Teckel avec ces types de contraintes, c'est que vous ne savez pas ce que vous faites et que vous utilisez des choses pour essayer de forcer votre chien à se comporter d'une certaine manière. Ce qui fonctionne, ce sont les friandises et l'éloignement de toute situation négative. Récompensez votre chien pour le bon comportement, et plus souvent votre chien fait ce que vous voulez qu'il fasse, plus souvent vous le récompensez. Le chapitre 12 explique comment dresser votre Teckel.

À la maison, vous devrez être plus prudent. Malgré sa taille, un Teckel n'est pas le genre de chien à reculer, donc s'il sent que quelqu'un le défie ou prend l'un de ses jouets, il pourrait réagir de manière agressive. Lorsqu'il est jeune, il est plus facile de commencer à le dresser contre ce genre de comportement, mais un chien plus âgé aura besoin d'une surveillance supplémentaire et ne devrait pas être laissé seul avec d'autres animaux ou des enfants. Un Teckel plus âgé doit apprendre à faire partie de la meute et la manière appropriée de réagir aux personnes qui jouent avec des jouets et d'autres objets. C'est pourquoi il est essentiel d'être toujours ferme et cohérent.

Il existe deux types principaux d'agressivité que vous devriez surveiller chez votre chien.

- L'agressivité de dominance se produit lorsque votre chien veut démontrer son contrôle sur un autre animal ou une personne. Ce type d'agressivité se manifeste par les comportements suivants en réaction à quiconque s'approche des affaires du Teckel (comme des jouets ou une gamelle) :
  - Grognements
  - Mordillements
  - Claquements de dents

C'est le comportement que le chef de meute adopte pour avertir les autres membres de la meute de ne pas toucher à ses affaires. Si votre Teckel réagit ainsi envers vous, un membre de la famille ou un autre animal qui s'approche de ses affaires, vous devez intervenir immédiatement, le corriger en disant « Non », puis le couvrir d'éloges lorsqu'il s'arrête. Vous devez intervenir systématiquement chaque fois que votre Teckel se comporte de cette manière.

Ne laissez pas le Teckel seul avec d'autres personnes, chiens ou animaux tant que ce type de comportement persiste. Il testera les limites, et si vous n'êtes pas là pour intervenir, il essaiera probablement de montrer sa dominance en votre absence.

Vous voulez dresser votre Teckel à ne pas réagir de manière agressive. Une fois que vous êtes sûr que le comportement a été éliminé, vous pouvez laisser votre chien et votre Teckel seuls pendant de courtes périodes, en restant dans une autre pièce ou quelque part à proximité, mais hors de vue. Avec le temps, vous pourrez commencer à laisser vos animaux seuls lorsque vous allez chercher le courrier, puis lorsque vous faites des courses. Finalement, vous pourrez laisser votre Teckel seul avec d'autres chiens sans craindre que lui ou l'un de vos autres chiens ne se sente obligé de montrer sa dominance.

- Les mâles bien socialisés sont plus intéressés à rencontrer et à saluer d'autres chiens. Les mâles non socialisés peuvent être agressifs et dominateurs. Les femelles ont tendance à être plus prévisibles ; elles sont plus distantes même lorsqu'elles sont correctement socialisées, mais elles sont également moins susceptibles d'être aussi agressives ou dominatrices lorsqu'elles ne sont pas socialisées.

Votre Teckel devra apprendre que la maison n'est pas seulement la sienne. Elle appartient aux personnes et aux autres chiens également, et il fait partie de la maison, il n'est pas le patron chez vous.

Fort instinct de chasse naturel

Ayant été élevés pour poursuivre les petits animaux dans leurs terriers, il ne devrait pas être surprenant que les Teckels puissent devenir très concentrés sur d'autres animaux lorsqu'ils sont dehors. Des écureuils aux chats en passant par les lièvres, et autres animaux plus grands qu'eux, les Teckels peuvent s'exciter un peu trop et commencer à poursuivre les animaux qui commettent l'erreur de s'enfuir lorsqu'ils aboient. Bien qu'ils puissent bien s'entendre avec les animaux de votre maison, ils peuvent être plus excitables lorsqu'ils sont dehors en plein air. Leur longue histoire pourrait rendre la promenade un peu plus délicate, même après qu'ils soient correctement socialisés. Bien que vous n'ayez pas à vous inquiéter trop que votre chien vous renverse en essayant d'attraper un écureuil ou un autre petit animal à proximité, vous devrez vous préparer à dresser votre chien pour qu'il soit moins concentré sur ces petits animaux. Vous ne voulez pas qu'il casse la laisse ou se glisse hors de son collier et s'échappe. Ils n'en ont peut-être pas l'air, mais les Teckels peuvent courir beaucoup plus vite que vous ne pourriez l'imaginer.

Vous devrez également être prudent lors de la présentation avec les chats, en raison de la possibilité que le chat s'enfuie. Les Teckels verront presque certainement cela comme un signe que c'est l'heure de jouer, ils poursuivront donc le chat. Il ne s'agit pas tant d'attraper le chat que de s'amuser, mais cela ne signifie pas que le chat sera content. Les chiots seront probablement plus faciles à présenter aux chats car leur capacité à courir sera entravée par leurs pattes courtes. Vous devrez prévoir de socialiser votre chiot Teckel avec le chat bien avant que le chiot ne soit autorisé à courir librement dans la maison. Soyez toujours présent lorsqu'ils interagissent afin que vous puissiez corriger le comportement du chiot.

Il est peu probable que l'instinct de chasse pose problème avec vos animaux actuels, mais vous voudrez être prudent avec votre Teckel et tous les rongeurs ou animaux plus petits que vous avez. Gardez les cages pour rongeurs trop hautes pour qu'il puisse les atteindre et loin de tout ce sur quoi votre chien pourrait se tenir. Il n'est pas commun d'avoir des problèmes, mais cela ne signifie pas que ce n'est pas possible. Si vous avez d'autres petits animaux, ils devront être gardés dans des zones où votre Teckel ne peut pas aller. Les lapins, furets et autres animaux de compagnie ne sont généralement pas dressables. La plupart des petits animaux ne sont pas capables d'apprendre à ne pas s'enfuir, ce que votre chiot prendra probablement comme une invitation à jouer. Comme les petits animaux sont généralement dans des cages, cela les rendra moins intéressants pour votre Teckel. C'est lorsque vous êtes dehors que vous devez être plus attentif à l'instinct naturel de votre Teckel à poursuivre. Cela signifie que vous ne devriez vraiment pas laisser votre Teckel sans laisse sans clôture. Même si vous avez une clôture, vous devrez garder un œil attentif sur votre chien. Si un petit animal attire l'attention de votre Teckel, il pourrait se concentrer sur la capture de ce premier.

Pratiques à l'heure des repas

Votre chiot Teckel sera nourri dans l'espace réservé aux chiots, donc l'heure des repas ne sera pas un problème au début. Lorsque vous commencerez à nourrir le chiot avec les autres chiens, vous pourrez utiliser les suggestions suivantes pour réduire les risques de comportement territorial avec la nourriture.

Éventuellement, vous pourrez commencer à nourrir les chiens proches les uns des autres. Cela peut prendre des semaines à des mois, selon l'âge du Teckel lorsqu'il arrive dans votre foyer. Un chiot nécessitera moins de temps car il sera socialisé avec les chiens dès son plus jeune âge, ce qui le rendra moins méfiant. Cela ne signifie pas qu'il n'affichera pas de comportement territorial, mais il ne lui faudra probablement pas longtemps pour commencer à se sentir à l'aise en mangeant près du reste de la meute.

Pour les chiens adultes, cela pourrait prendre plus de temps, et vous ne devriez pas vous précipiter. Laissez votre chien apprendre à se sentir à l'aise en mangeant avant de faire des changements, même petits. Les chiens de toute race peuvent être protecteurs de leur nourriture, selon ce qu'ils ont vécu ; ceci est exacerbé chez les races protectrices comme le Teckel. Votre Teckel doit être assuré que ce comportement protecteur n'est pas nécessaire autour d'autres chiens avant qu'il ne mange sans incident. Cela signifie laisser sa confiance et son confort se développer à son propre rythme.

CHAPITRE 8
Les premières semaines

« Une fois toutes les vaccinations terminées, sortez votre chiot. Faites-lui rencontrer des personnes et d'autres chiens. L'École des chiots est un excellent moyen de commencer. À la maison, invitez régulièrement des personnes afin qu'il comprenne qu'il est normal d'avoir des visiteurs chez vous. »

Kim Gillet
Cameo Dachshunds

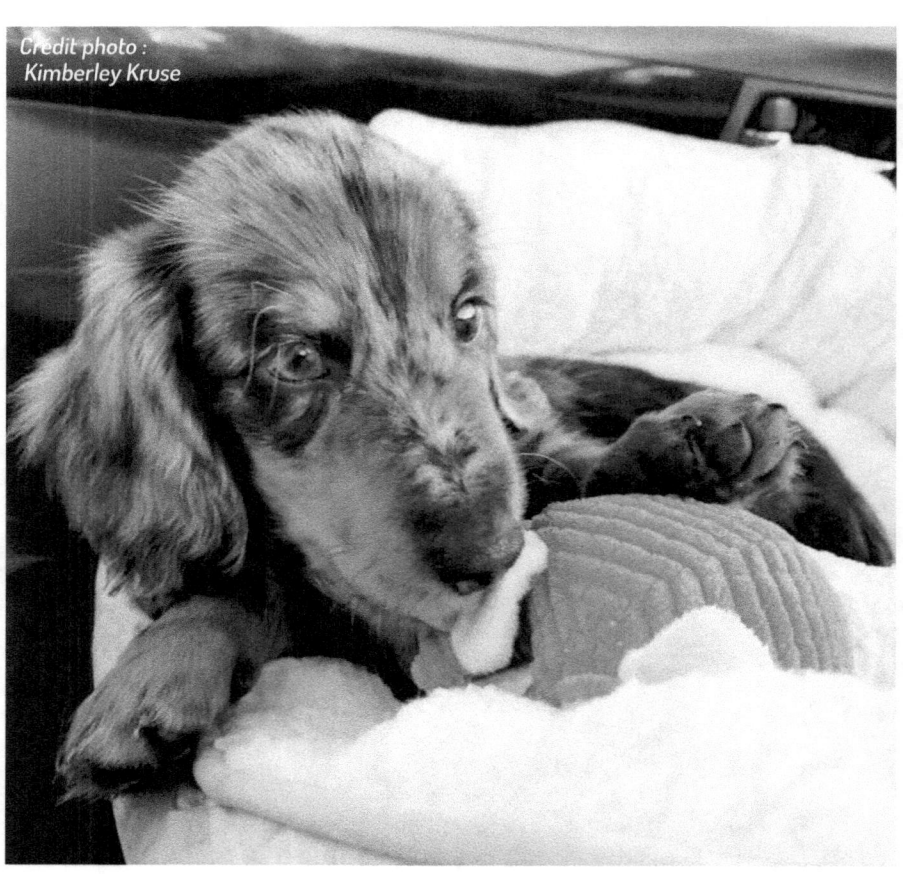

Crédit photo :
Kimberley Kruse

Le sommeil occupera la majeure partie de la première semaine de votre chiot Teckel. Le reste du temps, votre petit compagnon oscillera entre excitation et nervosité. Lorsque votre chiot commencera à comprendre que votre foyer est un lieu sûr, sa personnalité se révélera, et c'est à ce moment-là que les choses deviendront intéressantes. L'intelligence du Teckel se manifeste souvent par de la curiosité, ce qui signifie que vous devrez garder un œil attentif sur votre compagnon.

À cette période, vous devrez également commencer la socialisation (une fois les vaccins terminés) et l'éducation. Si l'éleveur a déjà commencé l'apprentissage de la propreté, vous devez absolument continuer à utiliser sa méthode dès l'arrivée de votre chiot. Ce sera déjà un long processus, facilitez-vous la tâche, ainsi qu'à votre chien, en maintenant la dynamique existante.

Le lien que vous commencez à créer durant la première semaine continuera à se développer pendant le premier mois. À la fin de ce mois, votre chiot devrait faire ses nuits et pourrait avoir une assez bonne compréhension de l'endroit où faire ses besoins. Vous aurez également une bonne idée de la personnalité de votre compagnon, ce qui facilitera grandement la façon de le réconforter lors de ses rares moments d'incertitude.

Le premier mois est la période où vous devez vraiment commencer à prêter attention à la personnalité émergente de votre chiot. Avec un Teckel, c'est probablement à ce moment que vous remarquerez qu'il choisira une personne préférée. Cela ne signifie pas que votre chien n'aime pas le reste de la famille, mais il sera plus à l'aise avec une personne en particulier. Ne le prenez pas personnellement si vous n'êtes pas l'élu. Cela peut signifier que le favori devra prendre l'éducation très au sérieux et que davantage de responsabilités reposeront sur ses épaules. Cela n'exempte pas le reste de la famille de s'occuper du chien. Ce n'est pas parce qu'il a un favori qu'il n'aime pas la famille, et il voudra probablement que tout le monde soit ensemble, surtout lorsqu'il s'agit de promenades ou de moments de jeu.

Comme pour toutes les races intelligentes, en matière d'éducation, la clé pendant cette période est de rester cohérent ; cela concerne tout le monde, pas seulement la personne préférée. Utilisez ce que vous apprenez sur la personnalité de votre chiot pour encourager les bons comportements.

Crédit photo :
Roy Jordan

Établir les règles et s'y tenir

Votre chiot doit comprendre les règles et savoir que vous et votre famille les prenez au sérieux. Les Teckels sont souvent en train de réfléchir et d'analyser la situation. Cela signifie qu'il faut toujours adopter une approche ferme et cohérente, tant pour vous que pour votre chien. Une fois que votre compagnon aura appris à vous écouter, lui apprendre des tours sera beaucoup plus facile car il voudra s'amuser avec ses maîtres. Il sera également plus enclin à vous écouter lorsqu'il comprendra la hiérarchie familiale. Peu importe à quel point les Teckels sont mignons lorsqu'ils vous regardent avec leurs grands yeux et leurs oreilles tombantes, pour votre bien et le leur, vous devez leur faire comprendre qui est le chef d'une manière ferme, mais non menaçante.

Établir une politique de non-saut et de non-mordillement

Sans éducation appropriée, les Teckels peuvent mordre les enfants lorsqu'ils ont peur. C'est votre responsabilité de vous assurer que votre chien apprend à jouer correctement, ce qui signifie ne pas sauter sur les gens ni les mordiller. Entre leurs instincts naturels et leurs problèmes dentaires, il est également préférable d'éviter les jeux de traction. Tous les jeux qui impliquent de mordre ou de mordiller doivent toujours être évités.

Vous devez également apprendre à votre Teckel à ne pas sauter en raison des blessures potentielles qu'il pourrait subir au dos. Cette éducation commence dès la première semaine après son arrivée.

Le mordillement

- L'une des causes du mordillement est la surstimulation, qui peut être l'un des signes que votre chiot est trop fatigué pour continuer à jouer ou à s'entraîner et que vous devriez le mettre au lit.

- Une autre cause pourrait être que votre compagnon a trop d'énergie. Si c'est le cas, emmenez votre chiot dehors pour dépenser une partie de son énergie excessive. En même temps, veillez à ne pas trop faire d'exercice avec le chiot.

Vous devez être vigilant et faire savoir immédiatement à votre chiot que le mordillement n'est pas acceptable. Certaines personnes recommandent d'utiliser un vaporisateur d'eau et d'asperger le chiot en disant « Non » après un mordillement. C'est l'un des rares cas où la punition

peut être efficace, mais vous devez veiller à ce que votre chien ne l'associe à rien d'autre qu'au mordillement.

Dites toujours fermement « Non » à votre chiot lorsqu'il mordille,
même si c'est pendant le jeu. Vous devriez également vous retirer et dire
« Aïe ! » à haute voix pour faire comprendre à votre chiot que ses dents

Crédit photo :
Karen Mayr

vous font mal. Cela aidera à établir l'idée que le mordillement est mauvais et n'est jamais récompensé.

Le mâchonnement

Tous les chiots mâchonnent pour soulager la douleur de la dentition. Le mâchonnement peut être un problème coûteux pour vos objets, mais il est assez courant chez cette race. Qu'il mâchonne vos meubles, ustensiles ou vêtements, vous voulez décourager ce comportement aussi rapidement que possible.

- Assurez-vous d'avoir des jouets pour votre Teckel (qu'il soit adulte ou chiot) afin de lui apprendre quelles choses sont acceptables à mâchonner. Avoir beaucoup de jouets disponibles, et les faire tourner, aidera à donner à votre chiot ou chien une variété d'options.

- Si votre chiot fait ses dents, mettez quelques jouets au réfrigérateur pour qu'ils soient froids, ou donnez-lui des carottes congelées. Le froid aidera à engourdir la douleur.

- Les jouets fabriqués en caoutchouc dur ou en nylon dur seront les meilleurs, particulièrement les Kong avec des croquettes à l'intérieur. Vous pouvez même les remplir d'eau et les congeler, ce qui donnera à votre chiot quelque chose de frais pour apaiser la douleur de la dentition.

Dans l'ensemble, garder un œil sur votre chien lorsqu'il n'est pas dans son espace désigné vous aidera à voir rapidement quand il mâchonne des choses qu'il ne devrait pas. Lorsque cela se produit, dites fermement « Non ». Si votre chien continue à mâchonner, remettez-le dans son espace. Pendant qu'il est dans cet espace, assurez-vous qu'il a beaucoup de jouets à mâchonner.

Si vous décidez d'utiliser des répulsifs à mâchonnement, comme différents sprays amers et d'éducation, sachez que certains chiens ne se soucieront pas qu'un objet ait mauvais goût, ils mâchonneront quand même. N'appliquez pas ces répulsifs puis ne laissez pas votre chien seul en espérant qu'il arrête simplement de mâchonner. Vous devez observer la réaction de votre chien avant de croire que la mauvaise habitude est brisée. Comme les Teckels sont connus pour avoir de l'anxiété de séparation, vous voudrez certainement trouver un moyen de résoudre le problème de mâchonnement aussi rapidement que possible afin que votre compagnon puisse circuler librement dans votre maison. Cependant, mettre des saveurs désagréables sur les objets n'est pas aussi dissuasif pour eux que vous pourriez l'espérer. Il est préférable d'essayer de leur apprendre à ne pas mâchonner plutôt que de vaporiser vos biens.

Les sauts

Les chiens sautent généralement sur les personnes lorsqu'ils les accueillent. Utilisez les étapes suivantes lorsque vous avez un visiteur (et si vous pouvez trouver quelqu'un qui est prêt à vous aider, cela facilitera d'autant plus l'éducation).

Éducation basée sur la récompense vs éducation basée sur la discipline

D'autres chapitres détaillent les différents aspects de l'éducation, mais il est important de garder à l'esprit à quel point il est plus efficace d'éduquer avec des récompenses qu'avec des punitions, surtout pour une race intelligente comme le Teckel. Ce sera un défi particulier car les chiots peuvent être exubérants et sont facilement distraits. Il est important de se rappeler que votre chiot est jeune, vous devez donc garder votre calme et savoir quand vous avez besoin de faire une pause dans l'éducation.

Plusieurs aspects critiques sur lesquels vous devrez commencer à travailler pendant le premier mois :

- L'apprentissage de la propreté (chapitre 9)
- L'éducation à la caisse (chapitre 6)
- Les aboiements (chapitre 11)

Renseignez-vous sur ce que l'éleveur a fait en termes d'apprentissage de la propreté et d'autres domaines similaires. Les meilleurs éleveurs peuvent même enseigner aux chiots une ou deux commandes avant qu'ils ne rentrent chez vous. Si c'est le cas, continuez à utiliser ces mêmes commandes avec votre chiot afin que l'éducation précoce ne soit pas perdue. Cela peut vous aider à établir le bon ton de voix à utiliser puisque le chiot saura déjà ce que les mots signifient et comment y réagir. Une fois qu'il comprendra cela, il saisira plus rapidement que ce ton de voix est celui que vous utilisez lorsque vous l'éduquez. C'est une autre excellente façon de faire comprendre à votre petit amour quand vous êtes sérieux par rapport à quand vous voulez jouer. Ces types de distinctions sont facilement perçus par un Teckel et votre chien sera plus qu'heureux de s'y conformer.

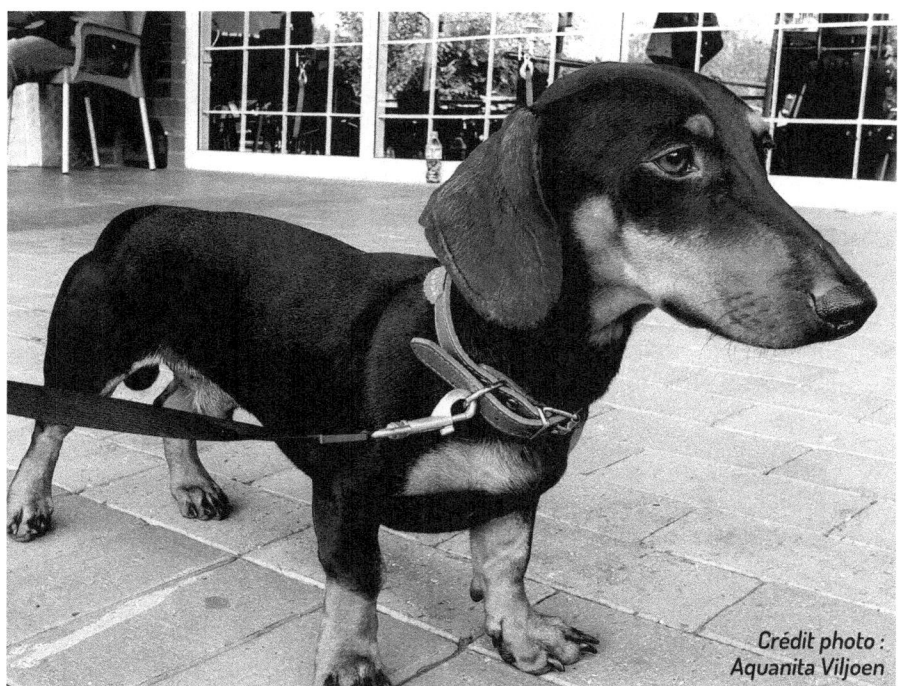

Crédit photo :
Aquanita Viljoen

L'anxiété de séparation chez les chiens et les chiots

« L'anxiété est parfois courante chez les Teckels. Les chiens sont des animaux de meute et ils veulent être avec la meute perçue. Si vous re-marquez cela chez votre nouveau chiot, commencez par essayer de vous asseoir à portée de vue du chien, puis augmentez progressivement la distance. Ensuite, passez à des périodes courtes hors de sa vue et revenez avant qu'il n'ait le temps de s'inquiéter. Augmentez le temps à chaque séance. »

Mary Lee Wood
Zoey's Doxies

Les Teckels ne sont pas le type de chien qui se porte bien lorsqu'ils sont laissés seuls. Entre l'anxiété de séparation et leur intelligence, ils peuvent causer beaucoup de dégâts malgré leur petite taille. Vous vou-drez planifier comment aider votre nouveau chien à comprendre que tout ira bien, même si vous devez le laisser seul pendant des heures. Outre le fait de vous assurer que votre chien est fatigué avant de quitter la maison, il existe plusieurs façons de préparer votre chiot ou chien à ces longues journées où il est laissé seul à la maison.

Au début, réduisez au minimum le temps que le chiot passe seul. Les bruits des personnes qui se déplacent dans la maison aideront votre Teckel à comprendre que la séparation n'est pas permanente. Après la première semaine environ, le temps passé seul peut impliquer que vous sortiez chercher le courrier, laissant le chiot à l'intérieur par lui-même pendant quelques minutes seulement. Vous pouvez ensuite allonger la durée de votre absence sur quelques jours jusqu'à ce que le chiot soit seul pendant environ 30 minutes à la fois.

Voici quelques règles de base à suivre lorsque vous commencez à laisser votre chiot seul pour la première fois :

- Sortez le chiot environ 30 minutes avant votre départ.

- Fatiguez le chiot avec de l'exercice ou du jeu pour que votre départ ne soit pas un si grand événement.

- Placez le chiot dans son espace bien avant votre sortie pour éviter qu'il n'associe cet espace à quelque chose de négatif.

- Ne donnez pas d'attention supplémentaire à votre chiot juste avant de partir, car cela renforce l'idée que vous donnez de l'attention avant que quelque chose de mauvais ne se produise.

- Évitez de réprimander votre Teckel pour tout comportement qui se produit pendant votre absence. Les réprimandes lui apprennent à être plus stressé car il semblera que vous rentrez en colère.

Si votre Teckel présente des signes d'anxiété de séparation, il existe plusieurs choses que vous pouvez faire pour l'aider à se sentir à l'aise pendant votre absence.

- Les jouets à mâcher peuvent donner à votre chien quelque chose d'acceptable à ronger pendant votre absence.

- Une couverture ou un t-shirt qui sent comme vous ou d'autres membres de la famille peut également apporter du réconfort. Si vous avez porté l'article et qu'il n'est pas très sale, c'est idéal, assurez-vous simplement que vous n'avez pas été en contact avec des produits chimiques au cours de la journée où vous l'avez porté. Vous devez également vous assurer que votre chien ne mangera pas l'article en votre absence. Envisagez de lui donner quelque chose que vous savez que vous ne porterez plus, au cas où il le déchirerait en morceaux.

- Laissez l'espace bien éclairé, même si c'est pendant la journée. Si quelque chose se produit et que vous rentrez plus tard que prévu, vous ne voulez pas que votre petit compagnon soit dans l'obscurité.

- Allumez une chaîne hi-fi (la musique classique est préférable) la télévision (des émissions calmes sans bruits soudains, comme une vieille série ou un documentaire animalier, fonctionnent très bien) pour que la maison ne soit pas complètement silencieuse et que les bruits inhabituels soient moins évidents.

Votre Teckel ne mettra pas longtemps à remarquer les comportements qui indiquent que vous partez. Prendre vos clés, votre sac, votre portefeuille et autres indications deviendront rapidement des déclencheurs qui peuvent rendre votre Teckel anxieux car il va vite apprendre ce que ces actions signifient. N'en faites pas toute une histoire. Si vous agissez normalement, avec le temps, cela aidera votre petit compagnon à comprendre que votre départ est normal et que tout ira bien.

Combien de temps peut-on laisser un chien seul à la maison sans que cela soit trop long ?

Vous ne devriez pas laisser votre chien seul à la maison pendant plus de huit heures d'affilée. Il sera probablement bien entre quatre et huit heures, mais plus longtemps que cela et il pourrait commencer à avoir des problèmes. Ce n'est vraiment pas une race que vous devriez adopter si vous devez travailler de longues heures régulièrement ou s'il n'y aura pas quelqu'un à la maison la plupart du temps.

L'un des problèmes au début est que votre chien devra être dans une caisse, ce qui signifie qu'il sera enfermé pendant tout le temps où vous serez absent. Initialement, ce temps devrait être très court. Au fur et à mesure que votre chien devient propre et plus digne de confiance, votre objectif devrait être de permettre à votre chien de sortir de la caisse pour qu'il ne ressente pas cela comme une punition. Votre compagnon ne se sentira pas bien d'être piégé dans une caisse pendant des heures. Vous devez trouver de bons jeux mentaux ou des activités que votre compagnon peut faire pendant votre absence pour éviter que votre Teckel ne devienne destructeur. C'est aussi pourquoi il est vital de s'assurer que votre maison est bien préparée avant l'arrivée de votre chien, surtout

Crédit photo :
Gary and Jennifer Giller

si vous adoptez un Teckel adulte. Une fois que votre chien est habitué à la caisse et que vous commencez à essayer de le laisser seul pendant de plus longues périodes, vous voulez vous assurer que toutes les tendances destructrices sont maîtrisées autant que possible.

N'en faites pas trop, physiquement ou mentalement

« La marche est toujours un bon exercice pour tous les Teckels. Un chiot devrait commencer lentement et seulement pendant environ 10 minutes car ses muscles et ses os ne sont pas complètement développés. À six mois, il pourrait supporter une promenade d'environ 30 minutes. Et à un an, ils ont besoin d'environ une heure de marche quotidienne. »

Mary Lee Wood
Zoey's Doxies

Un chiot fatigué ressemble beaucoup à un enfant fatigué ; vous devez empêcher le petit de s'épuiser ou de surmener ses petites pattes. Vous devez faire attention à ne pas nuire aux os en croissance de votre chiot. Votre compagnon va probablement penser que le sommeil est inutile, peu importe à quel point il est fatigué. C'est à vous de lire les signes qui vous indiquent quand arrêter toutes les activités et mettre votre chiot au lit ou faire une pause.

L'éducation doit être menée par tranches de temps que votre chiot ou chien peut gérer. Veillez à ne pas pousser l'entraînement au-delà du seuil de concentration du chiot ou à ne pas décourager votre chien adulte avec des commandes trop avancées pour lui. Si vous continuez l'éducation au-delà des niveaux d'énergie de votre chiot, les leçons apprises ne seront pas celles que vous voulez enseigner à votre chien. À cet âge, les séances d'éducation n'ont pas besoin d'être longues, elles doivent simplement être cohérentes.

Les promenades seront beaucoup plus courtes pendant ce premier mois. Lorsque vous sortez, restez à quelques pâtés de maisons de chez vous. Ne vous inquiétez pas, à la fin du mois votre chiot aura beaucoup plus d'endurance, vous pourrez donc profiter de promenades plus longues et de courtes sorties loin de la maison si nécessaire. À la fin de la

Crédit photo :
Jessica Kyei-Yamoah

première année, vous devriez pouvoir faire un petit jogging, selon les conseils de votre vétérinaire. Vous pouvez également faire un peu de course en laisse dans le jardin si votre chiot a beaucoup d'énergie supplémentaire. Cela aidera votre Teckel à apprendre comment se comporter en laisse pendant la course. Les chiots ont tendance à vouloir attaquer la laisse car c'est une distraction par rapport à courir librement. Ce sont de bons compagnons de jogging, mais quand ils vieillissent, les emmener pour leur propre course peut aider à se débarrasser d'une partie de cette énergie et à les empêcher de prendre du poids.

Certaines personnes courent avec leurs Teckels, mais cela doit attendre que votre Teckel ait au moins un an. Vous pouvez commencer avec ces petits joggings courts une fois que votre chiot a développé un peu d'endurance.

Ce n'est pas parce que votre chiot ne peut pas faire de longues promenades au début qu'il n'aura pas beaucoup d'énergie. L'exercice quotidien sera essentiel, en gardant en tête que vous devez vous assurer que votre chiot n'en fait pas trop, trop tôt. Rester actif l'aidera non seulement à être en bonne santé, mais le stimulera mentalement. Vous réaliserez rapidement à quel point vous avez été sédentaire si vous n'avez jamais eu de chien auparavant, car vous serez en mouvement presque tout le temps où le chiot sera éveillé.

CHAPITRE 9
L'apprentissage de la propreté

Bien que les Teckels soient reconnus comme d'excellents animaux de compagnie, ils sont aussi connus pour être difficiles à éduquer à la propreté. Que vous adoptiez un chiot ou un adulte, l'apprentissage de la propreté sera au moins aussi difficile que d'apprendre à un nourrisson à utiliser le pot, et vous devrez faire preuve d'autant de patience. C'est une race intelligente, et pour cette raison, certains disent que les Teckels vous dressent plutôt que l'inverse. Lorsqu'il s'agit d'apprendre la propreté à votre petit compagnon, vous devez lui faire comprendre que c'est vous qui êtes aux commandes et que votre maison n'est pas un lieu pour faire ses besoins.

Établir un programme sera essentiel, et il doit s'agir d'un programme que vous pouvez maintenir afin que votre Teckel sache quand il lui sera permis de faire ses besoins. Si vous êtes constant et ferme (sans être méchant), cela aidera vraiment votre Teckel à comprendre ce que vous essayez de lui enseigner.

L'utilisation d'une laisse peut être utile pour s'assurer que votre chiot apprenne quand et où aller, mais vous rencontrerez tout de même des défis en essayant de convaincre votre chiot qu'il existe un endroit désigné pour faire ses besoins et que ce n'est pas dans votre maison.

Veillez à appliquer systématiquement ces deux règles :

1. Ne laissez jamais le chiot se promener seul dans la maison, il devrait toujours être dans l'espace dédié au chiot lorsque vous ne le surveillez pas. Votre Teckel ne sera pas ravi à l'idée d'être dans une cage souillée, ce qui constitue un moyen de dissuasion pour faire ses besoins lorsque vous n'êtes pas présent. Il pourrait ne pas adopter la même approche pour d'autres zones de la maison s'il est libre de se déplacer.

2. Donnez à votre chiot un accès constant et facile aux endroits où vous prévoyez de lui apprendre la propreté. Vous devrez faire de fréquentes sorties à l'extérieur pendant que votre chiot apprend où faire ses besoins, particulièrement si un accès constant à un endroit pour se soulager n'est pas possible. Lorsque vous sortez, mettez une laisse à votre chiot pour lui indiquer clairement où dans le jardin vous souhaitez qu'il fasse ses besoins.

Commencez toujours par un programme d'éducation, puis soyez encore plus strict avec vous-même qu'avec votre chiot pour respecter ce programme. Vous êtes la clé pour que le chiot apprenne où il est acceptable de faire ses besoins.

Vous êtes face à un défi

La patience et la constance sont les clés. Surveillez votre chiot. Vous remarquerez les signes indiquant qu'il a besoin de faire ses besoins. Certains de ces signes sont : tourner en rond, commencer à s'accroupir et gémir. Assurez-vous de le sortir après son réveil, après qu'il ait mangé et après qu'il ait joué.

Shona Malapelli
Malapelli's Minions Teckels Miniatures

Même si vous faites tout correctement, certains propriétaires de Teckels rapportent qu'ils ont l'impression de passer la vie de leur Teckel à lui apprendre à ne pas faire ses besoins dans la maison. Parfois, le problème vient du fait qu'un Teckel souffre d'anxiété de séparation ou d'un autre problème. Il ne le fait pas par malveillance, il ne sait simplement pas comment gérer la solitude. D'autres fois, le problème vient du fait que le maître n'a pas compris les signaux du chien, alors le chiot a fait ses besoins à l'intérieur parce qu'il ne pouvait plus se retenir.

N'oubliez pas que votre Teckel est un petit chien, il n'a donc pas une grande vessie. Les Teckels sont intelligents, donc établir un programme cohérent facilitera la compréhension pour votre petit compagnon que faire ses besoins à l'extérieur n'est pas censé être une option, mais une obligation. Cela vous aidera également à savoir quand vous devez sortir votre petit chiot pour éviter un accident.

Il existe de nombreuses recommandations en ligne, mais, en fin de compte, le même processus cohérent fonctionnera. Ce chapitre se concentre sur les étapes qui font partie des bases pour réussir.

Voici une liste rapide des choses que vous aurez à faire, avec davantage de détails un peu plus loin dans le chapitre :

1.   Vous devez vous assurer que votre Teckel est habitué à la cage (chapitre 6).

2.   Surveillez les signes indiquant que votre chiot cherche un endroit pour faire ses besoins.

3.   Établissez un programme et suivez-le toujours. Votre Teckel comprendra les horaires et commencera à s'attendre aux sorties aux heures établies.

4.   Les félicitations sont à la fois un outil efficace et bien plus sain que les friandises, d'autant plus que cette race est sujette à l'obésité. Dès que votre chiot répond aux félicitations, commencez à laisser de côté les friandises.

5.   Soyez patient. Chaque chien est différent, il est donc impossible de prédire combien de temps prendra l'apprentissage de la propreté. Être patient aidera beaucoup plus que de s'énerver ou de se fâcher. Les Teckels réagissent aux émotions humaines, et l'apprentissage de la propreté sera d'autant plus difficile si votre chien commence à associer l'éducation à des émotions négatives.

Intérieur ou extérieur : options et considérations pour l'apprentissage de la propreté

Si votre éleveur a déjà commencé l'apprentissage de la propreté du chiot, tenez-vous-en à la méthode que l'éleveur a utilisée. Cela augmentera les chances que l'apprentissage de la propreté prenne un peu plus rapidement avec votre Teckel.

Vous disposez des options suivantes pour l'apprentissage de la propreté de votre chiot :

- **Tapis d'apprentissage –** Vous devriez avoir plusieurs tapis d'éducation autour de la maison pour l'éducation, y compris dans l'espace du chiot, mais aussi loin que possible de son lit.

- **Sorties régulières à l'extérieur –** Organisez-les en fonction du programme de sommeil et d'alimentation de votre chiot.

- **Récompenses –** Vous pouvez utiliser des friandises au début, mais passez rapidement aux félicitations.

Au début, la meilleure façon d'apprendre la propreté à votre chien est de sortir de nombreuses fois, y compris la nuit, afin que votre chiot apprenne à faire tous ses besoins à l'extérieur. Pendant les premiers mois, il est préférable d'utiliser une laisse lorsque vous sortez le chiot. Cela l'aidera à apprendre à marcher en laisse et l'empêchera d'être distrait avant de faire ses besoins.

Un mot d'avertissement : ne commencez pas à féliciter le chiot avant qu'il ait terminé de faire ses besoins. L'interrompre en plein milieu peut faire arrêter le chiot, augmentant les chances qu'il recommence après votre retour à l'intérieur.

Établir un programme

Vous devez surveiller votre chiot et avoir régulièrement des séances d'apprentissage de la propreté :

- Après avoir mangé

- Après s'être réveillé ou après chaque sieste

- Selon un programme (une fois qu'il a été établi)

L'une des choses les plus importantes que vous puissiez faire est d'observer votre Teckel pour repérer des indices comme renifler et tourner en rond, deux activités courantes lorsqu'un chiot cherche un endroit pour faire ses besoins. Commencez à adapter votre programme en fonction des besoins spécifiques de votre chiot.

Les chiots ont de petites vessies et peu de contrôle dans les premiers jours. Si vous devez initialement apprendre à votre chiot à faire ses besoins à l'intérieur, il doit y avoir un seul espace désigné avec un tapis propre dans l'espace du chiot, et vous devez faire le plein de tapis appro-

Crédit photo :
Wanita Raposo

Crédit photo :
Sandra Mazzafera

priés pour le chiot. Ensuite, assurez-vous de changer ces tapis régulièrement pour que votre chiot ne s'habitue pas à avoir des déchets à proximité. Les tapis d'apprentissage sont meilleurs que le journal et peuvent absorber davantage. Même si vous utilisez des tapis, vous devrez tout de même prévoir de passer à faire faire les besoins du chien à l'extérieur aussi rapidement que possible afin que votre Teckel apprenne que l'intérieur n'est pas l'endroit approprié.

Choisir un emplacement

Un espace désigné pour les besoins peut aider à faciliter l'expérience d'apprentissage de la propreté car votre Teckel commencera à associer une zone du jardin à cet unique objectif, plutôt que de renifler jusqu'à ce qu'il trouve un endroit de choix. Le faire aller régulièrement au même endroit rendra également le nettoyage beaucoup plus simple ; ainsi, vous pourrez continuer à utiliser tout le jardin au lieu de vous inquiéter de marcher dans des déjections.

Étant donné à quel point les Teckels adorent creuser, vous devriez probablement faire en sorte que la zone de toilette désignée soit éloignée des clôtures. Les Teckels peuvent être très pointilleux concernant la météo, donc avoir la zone désignée proche de la porte et sous une forme de protection encouragera grandement votre chien à toujours sortir, au lieu d'aller à l'intérieur parce qu'il ne veut pas être dehors par mauvais temps.

Lorsque vous êtes en promenade, c'est le moment idéal pour apprendre à votre chiot à faire ses besoins. Entre les promenades et le jardin, votre chiot en viendra à voir la laisse comme un signe qu'il est temps de soulager sa vessie, ce qui pourrait devenir une réponse pavlovienne.

Assurez-vous de prêter attention à votre chiot pendant tout le temps que vous êtes à l'extérieur. Vous devez vous assurer qu'il comprend que le but de sortir est de faire ses besoins. N'envoyez pas votre chiot dehors seul en supposant qu'il a fait ce que vous vouliez qu'il fasse. Jusqu'à ce qu'il n'y ait plus d'accidents dans la maison, vous devez vérifier que votre chiot ne perd pas sa concentration lorsqu'il est dehors.

Formation par mots-clés

Toute éducation devrait inclure des mots-clés, même l'apprentissage de la propreté. Vous et tous les membres de la famille devriez connaître les mots à utiliser lors de l'apprentissage de votre chien à l'endroit où faire ses besoins, et vous devriez tous utiliser ces mots de manière cohérente. Si vous avez associé un adulte à un enfant, l'adulte devrait être celui qui utilise le mot-clé pendant l'éducation.

Pour éviter de confondre votre chiot, veillez à ne pas sélectionner des mots que vous utilisez souvent à l'intérieur de la maison. Utilisez une phrase comme « Au travail » pour faire savoir à votre chiot qu'il est temps de se mettre au travail, pas quelque chose qui implique le mot « toilettes » ou « pipi », ce sont des mots que vous direz probablement dans une conversation ordinaire, ce qui pourrait inciter votre chien à y aller quand vous ne le souhaitez pas. « Au travail » n'est pas une phrase que la plupart des gens utilisent dans leur routine quotidienne, donc ce n'est pas quelque chose que vous êtes susceptible de dire lorsque vous ne voulez pas que votre chiot fasse ses besoins.

Une fois que votre chiot apprend à faire ses besoins en fonction de l'ordre, assurez-vous qu'il termine avant d'offrir des félicitations ou des récompenses.

Récompenser le bon comportement par un renforcement positif

Le renforcement positif est très efficace. Au début, prenez quelques croquettes avec vous lorsque vous apprenez à votre chiot où aller, tant à l'intérieur qu'à l'extérieur de la maison. Apprendre que c'est vous qui êtes aux commandes aidera votre Teckel à se tourner vers vous pour obtenir des indices et des instructions.

Une partie de la cohérence dans l'éducation consiste à combler le petit de louanges chaque fois que votre chiot fait ce qu'il faut. Si vous guidez doucement votre chiot vers la zone en laisse sans autres arrêts, il deviendra progressivement évident que votre Teckel devrait aller là pour faire ses besoins. Une fois dehors, encouragez votre chiot à y aller lorsque vous arrivez à l'endroit du jardin qui est destiné à être son lieu de toilette. Dès qu'il fait ses besoins, félicitez-le immédiatement et avec beaucoup d'enthousiasme. Caressez votre chiot tout en lui parlant pour faire savoir au petit à quel point l'action était bonne. Une fois les félicitations terminées, rentrez immédiatement. Ce n'est pas le moment de jouer. Vous voulez que votre chiot associe certaines sorties à un moment désigné pour faire ses besoins.

Bien que les félicitations soient beaucoup plus efficaces pour les Teckels, vous pouvez également donner une friandise à votre chiot après quelques sorties réussies. Ne faites surtout pas des friandises une habitude après chaque sortie, car vous ne voulez pas que votre Teckel en attende une chaque fois qu'il fait ses besoins. La leçon est de sortir, et le chiot peut apprendre que de telles sorties peuvent inclure des friandises.

La meilleure façon d'apprendre la propreté au cours du premier mois ou deux est de sortir toutes les heures ou deux, même la nuit. Vous devrez régler une alarme pour vous réveiller dans ce laps de temps pour emmener le chiot dehors. Utilisez la laisse pour rester concentré sur l'utilisation des toilettes, donnez les mêmes félicitations enthousiastes, puis rentrez immédiatement et allez vous coucher. C'est difficile, mais votre Teckel comprendra beaucoup plus vite s'il n'y a pas une longue période entre les pauses pipi. Avec le temps, le chiot aura besoin de sortir moins fréquemment, vous donnant plus de repos.

Si votre Teckel a un accident, il est important de s'abstenir de punir le chiot. Les accidents ne sont pas une raison de punir, cela reflète davantage votre éducation et votre programme que ce que le chiot a appris. Cela dit, les accidents sont pratiquement inévitables. Lorsque cela se produit, dites à votre chiot : « Non. Pipi dehors ! » et nettoyez immédiatement. Une fois cela fait, emmenez le chiot dehors pour faire ses besoins. Bien sûr, si votre chiot n'y va pas, il ne reçoit aucune félicitation.

Nettoyage

Nettoyez tout désordre dans la maison dès que vous le trouvez. À moins que vous ne surpreniez votre chiot en train de faire ses besoins dans la maison, il n'y a aucun intérêt à un renforcement négatif. Votre chien apprendra simplement à cacher ses dégâts pour éviter d'être puni. Emmenez plutôt le chien dehors et voyez s'il fera ses besoins. Si quelqu'un est à la maison, il est préférable de nettoyer le désordre aussi rapidement que possible. Prenez un peu de temps pour rechercher quels types de nettoyants vous souhaitez utiliser, qu'ils soient géné-

*Crédit photo
Alma Diaz*

riques ou holistiques. Par exemple, vous voudrez probablement obtenir un produit avec un nettoyant enzymatique. Les enzymes aident à éliminer les taches en accélérant la réaction chimique du nettoyant avec la tache. Cela aide également à éliminer l'odeur plus rapidement, réduisant les chances que votre chien continue à faire ses besoins au même endroit. Les Teckels n'ont pas de problème avec le marquage de leur territoire, surtout s'ils sont correctement éduqués, mais vous voudrez peut-être décourager les chiens qui vous visitent de revendiquer des zones où votre chiot a eu des accidents. Les nettoyants enzymatiques sont les meilleurs pour nettoyer les accidents de chiot.

Faites attention à quand ces accidents se produisent et déterminez s'il y a un point commun entre eux. Peut-être devez-vous ajouter une sortie supplémentaire pour votre chiot ou modifier son programme de promenade. Ou peut-être y a-t-il quelque chose qui effraie votre chien, provoquant un accident.

CHAPITRE 10
La socialisation

« Ils doivent être socialisés dès leur plus jeune âge. Un bon éleveur commencera ce processus à 3 semaines en les exposant à différentes vues, odeurs et sons. Ils ont besoin de cette période de socialisation de 3 à 18 semaines. Emmenez-les dans des endroits qui leur procureront une expérience positive. Commencez doucement et augmentez progressivement la durée de chaque visite. »

Mary Lee Wood
Zoey's Doxies

Bien que, comme nous l'avons évoqué dans un chapitre précédent, les Teckels puissent parfois se montrer agressifs, la plupart d'entre eux sont enthousiastes à l'idée de rencontrer d'autres chiens et apprécient leur compagnie. La meilleure façon de faire ressortir le côté joueur et enjoué de votre Teckel est de commencer à le socialiser dès que cela est possible sans risque (les chiots devront avoir reçu tous leurs vaccins avant d'être exposés régulièrement à d'autres chiens en dehors

Crédit photo :
Jeanne Brigandi
Photo by Carl Brigandi

Crédit photo : Frances Brown

de votre domicile). Cette race aime la compagnie et tend à être optimiste et joueuse. Une socialisation régulière fera ressortir le meilleur de votre chien afin que vous ayez le compagnon affectueux et joueur que vous souhaitez.

Lorsqu'elle est entreprise tôt, la socialisation des Teckels est incroyablement facile car ils sont une race particulièrement sociable. Le tempérament enjoué des Teckels facilitera les choses, mais vous devez tout de même aborder la socialisation avec prudence pour garantir une expérience positive pour tous.

Comme n'importe quel chien, les Teckels peuvent se montrer autoritaires, possessifs et jaloux, bien qu'ils ne soient pas connus pour cela. Parfois, le côté terrier ou bouledogue ressort, et l'expérience peut alors être un peu moins agréable. Si vous commencez tôt, vous pourrez couper court à ces comportements, rendant l'expérience plaisante pour vous et votre chiot. Cela pourrait être un peu plus difficile si vous adoptez un adulte qui n'a pas été correctement socialisé.

La socialisation permet à votre chiot Teckel d'apprendre qu'il peut être très amusant de jouer avec les personnes que vous invitez chez vous et les chiens que vous rencontrez lors de vos promenades. Pour vous assurer que le meilleur de la personnalité de votre Teckel s'exprime, vous devez prévoir de commencer la socialisation dès son plus jeune âge.

N'oubliez pas que votre chiot devra avoir reçu tous ses vaccins avant d'être exposé à d'autres chiens.

La socialisation peut faciliter la vie à long terme

Tous les chiens ont besoin d'être socialisés, mais les races intelligentes ont un esprit plus analytique. Vous voulez donc qu'ils apprennent le plus tôt possible que, la plupart du temps, le monde est un endroit sûr et que les autres personnes et animaux ne représentent généralement pas une menace. Cela aidera également votre chiot à comprendre qu'un comportement dominant ou agressif n'est pas acceptable.

L'avantage d'une socialisation précoce est qu'elle peut rendre la vie beaucoup plus agréable pour tous, quelle que soit la situation. Un chien socialisé abordera le monde d'une bien meilleure façon qu'un chien qui ne l'est pas.

Accueillir de nouvelles personnes

Apprendre à votre Teckel comment se comporter avec les visiteurs peut prendre un peu plus de temps car il pourrait ne pas être d'humeur à interagir socialement, et les gens voudront caresser votre adorable petit chien. Il sera tout aussi important d'indiquer aux gens comment interagir avec votre chien que d'apprendre à votre chien comment interagir avec les visiteurs. Informez vos visiteurs de laisser le chien tranquille si celui-ci ne montre aucun intérêt pour une présentation.

Les chiots apprécieront probablement de rencontrer de nouvelles personnes, alors assurez-vous d'inviter des gens chez vous pour aider votre compagnon à quatre pattes à se socialiser. Pour présenter votre chiot à une nouvelle personne, essayez l'une de ces méthodes :

1. Essayez de faire rencontrer de nouvelles personnes à votre chiot tous les jours, si possible. Cela peut se faire pendant les promenades

ou lors d'autres activités quand vous sortez de la maison. Si vous ne pouvez pas rencontrer de nouvelles personnes quotidiennement, visez au moins 4 fois par semaine.

2. Invitez des amis et de la famille, et laissez-les passer quelques minutes à donner de l'attention au chiot. Si votre chiot a un jeu ou une activité préférée, informez-en les gens pour qu'ils puissent jouer avec lui. Cela aidera la confiance du petit et lui apprendra que les nouvelles personnes sont amusantes et qu'il peut se sentir en sécurité avec elles.

3. Une fois que votre chiot est assez âgé pour apprendre des tours (après le premier mois – n'essayez pas de lui apprendre des tours immédiatement ; il a besoin d'un peu plus de temps et vous devrez voir

Crédit photo :
Karen Mayr

119

si sa personnalité convient à l'apprentissage de tours), faites faire les tours à votre petit compagnon devant les visiteurs. Cela sera vraiment important même si votre chiot ne grandira pas beaucoup, car beaucoup de gens sont nerveux autour des chiens, quelle que soit leur taille.

4. Évitez les foules pendant les premiers mois. Lorsque votre chiot a entre plusieurs mois et un an, participez à des événements acceptant les chiens pour que votre compagnon apprenne à ne pas être mal à l'aise au milieu d'un grand groupe de personnes.

Crédit photo :
Vicki Sanchez

Rencontrer de nouveaux chiens

« J'ai constaté que de nombreux Teckels n'aiment pas les grands chiens, sauf s'ils ont été élevés avec eux. Ils ont tendance à être très agressifs envers eux et peuvent s'attirer des ennuis. »

Kim Gillet
Cameo Dachshunds

Le chapitre 7 couvre l'introduction de votre nouveau Teckel avec vos autres chiens, mais rencontrer des chiens qui ne font pas partie de votre foyer est un peu différent, surtout lorsque vous les croisez en promenade. La plupart des chiens se saluent en s'inclinant et en se reniflant mutuellement. Surveillez les mêmes signes d'agressivité évoqués au chapitre 7, comme le poil hérissé et les dents découvertes. Une posture inclinée, une queue haute et des oreilles dressées signifient généralement que votre Teckel est excité de rencontrer l'autre chien. Si votre Teckel émet des bruits, surveillez les signes d'agressivité pour vous assurer que ces sons expriment le jeu et non l'inquiétude.

Selon la Société du Teckel, environ un tiers des Teckels ont été signalés comme étant agressifs envers d'autres chiens (aucun n'était agressif envers les personnes). Si votre Teckel est agressif, vous voudrez l'éduquer tôt pour que cela ne devienne pas un problème. La meilleure façon de procéder est d'organiser des rencontres de jeu dans un lieu neutre. Cela éliminera toute jalousie concernant le partage des jouets ou les tendances territoriales.

Ne laissez pas votre Teckel sauter sur d'autres chiens. S'il le fait, dites immédiatement « Non », pour lui faire comprendre que ce comportement n'est pas acceptable. Cela peut devenir une façon de montrer sa dominance, ce que vous ne voulez vraiment pas avec votre chiot, même si ce n'est qu'un jeu au début.

L'importance de poursuivre la socialisation

Même les chiens amicaux ont besoin d'être socialisés. S'assurer que le chiot est exposé à d'autres personnes et à d'autres chiens est important pour l'empêcher de devenir trop agressif ou dominant. Cela ne signifie pas le forcer à interagir, mais participer à des cours et organiser des rencontres de jeu donnera à votre chien une raison d'être enthousiaste à l'idée de rencontrer d'autres chiens.

Invitez régulièrement la famille et les amis, surtout s'ils viennent avec leurs chiens, afin que votre Teckel ait des rappels constants que sa maison est un lieu accueillant, et non un endroit où il doit exercer sa dominance. Vous ne voulez pas que votre chiot pense que le monde extérieur est acceptable, mais qu'il peut être une petite terreur à la maison.

Socialiser un chien adulte

Parfois, un chien adulte sera trop ancré dans ses habitudes pour changer, particulièrement si votre chien est dans ses vieilles années. Cependant, la plupart des chiens adultes peuvent être socialisés tant que vous en faites votre priorité absolue (avec l'éducation). Si vous n'êtes pas prêt à faire preuve d'une grande patience avec votre Teckel adulte, il est préférable de ne pas adopter un adulte. Il est possible que votre Teckel ne soit pas aussi amical avec d'autres chiens, même s'il semble bien s'entendre avec les autres chiens au refuge. Avant de commencer à socialiser votre chien, vous devez vous assurer qu'il connaît déjà quelques commandes de base et que vous le contrôlez bien avant toute présentation.

La socialisation d'un chien adulte nécessite beaucoup de temps, de dévouement, d'éducation en douceur et une approche ferme. Vous aurez peut-être la chance d'adopter un adulte déjà bien socialisé. Cependant, cela ne signifie pas que vous pouvez être totalement détendu. Le chien peut avoir eu une mauvaise expérience avec une race particulière de chien que personne ne connaît.

***

Si vous rencontrez des problèmes avec votre chien adulte, consultez un comportementaliste ou un éducateur spécialisé. Par exemple, si vous devez éviter les chiens pendant la première semaine parce que votre Teckel ne réagit pas bien à leur présence, un professionnel vous aidera à apprendre comment mieux socialiser votre chien adulte.

CHAPITRE 11
Éduquer votre Teckel

« Chaque chien est différent mais, en général, les Teckels peuvent être têtus. Soyez cohérent avec tous les aspects de l'éducation. La plupart sont motivés par la nourriture et feront n'importe quoi pour une friandise. Soyez patient et ils deviendront des chiens bien éduqués. »

Mary Lee Wood
Zoey's Doxies

L'intelligence de la race associée à son amour pour la nourriture et le jeu signifie que votre Teckel peut être soudoyé pour faire à peu près n'importe quoi. Il adorera l'attention, mais il y aura des moments où votre chien n'aura tout simplement pas envie d'écouter, quelle que soit la récompense que vous lui proposez. C'est l'une des raisons pour lesquelles vous devez toujours faire attention à la quantité de friandises que vous donnez à votre Teckel (l'autre raison étant le risque de surpoids ou d'obésité).

Les Teckels peuvent être fantastiques à éduquer pour de nombreux types de compétences. Ils adorent jouer et être à vos côtés, bien qu'ils puissent parfois penser que l'éducation consiste davantage à vous dresser vous. Ils veulent des friandises ou des jouets, alors ils sont prêts à faire ce que vous demandez afin de « vous obliger » à leur donner ces récompenses. Leur enthousiasme naturel pour découvrir de nouvelles choses et passer du temps avec leurs maîtres est tout ce dont ils ont besoin pour être heureux. Leur entêtement peut parfois rendre l'éducation un peu plus difficile, mais gardez votre calme.

Bien que l'éducation devienne de plus en plus agréable avec le temps, elle sera probablement lente au début car votre chien sera très excité par l'interaction. Vous devrez être ferme et cohérent, tout en gardant les séances d'entraînement très courtes au début. Si vous êtes patient avec votre chiot dès le départ, vous constaterez que cela portera ses fruits plus tard.

Crédit photo :
Jessica Kyei-Yamoah

Avantages d'une bonne éducation

En plus de faciliter la socialisation et les sorties en général, l'éducation pourrait être un moyen de sauver la vie de votre chien. Comprendre les ordres aidera à empêcher votre chien de courir dans la rue ou de répondre aux provocations d'autres chiens (ou d'agir comme l'agresseur). L'éducation pourrait également vous faire gagner du temps si votre chien s'échappe.

L'éducation est un excellent moyen de créer des liens avec votre chien. Elle vous donne un temps dédié ensemble et vous aide à comprendre la personnalité en développement de votre chiot et à apprendre quels types de récompenses fonctionneront le mieux pour d'autres tâches, comme la socialisation. C'est un chien qui peut vous accompagner lors de pique-niques ou d'autres sorties, vous voulez donc vous assurer que votre Teckel est bien éduqué afin que vous puissiez profiter d'un large éventail d'activités.

Choisir la bonne récompense

« Ne vous attendez pas à ce qu'ils apprennent comme le ferait un Berger allemand. Au contraire, ils ont besoin de beaucoup d'encouragements, de nombreuses friandises et de nombreuses raisons pour lesquelles vous voulez qu'ils fassent ceci ou cela. Sinon, vous serez ignoré. »

Kim Gillet
Cameo Dachshunds

La bonne récompense pour un Teckel sera finalement l'amour et l'affection. Les friandises sont le moyen le plus simple de faire comprendre à un chiot que l'exécution de tours est un bon comportement. Bientôt, cependant, vous devrez passer à quelque chose qui est un renforçateur secondaire. Les félicitations, du temps de jeu supplémentaire et des caresses sont toutes d'excellentes récompenses pour les Teckels. Votre chien vous suivra probablement partout jusqu'à ce que vous décidiez de vous détendre. S'asseoir pour regarder un film et laisser votre chiot s'ins-

Crédit photo :
Brittany Prince

taller avec vous est une excellente récompense après une séance d'entraînement intense. Non seulement votre chiot a appris, mais vous pouvez maintenant tous les deux vous détendre ensemble.

N'oubliez pas qu'il s'agit d'une race sujette à l'obésité, ce qui peut être
préjudiciable à la santé et au dos de votre chien. Assurez-vous de passer
à un autre type de récompense positive le plus tôt possible. Les Teckels
adorent aussi leurs jouets, vous n'avez donc pas à vous fier uniquement
aux félicitations (qui peuvent être une bonne récompense ou non selon
l'humeur ou les préférences de votre chien).

Crédit photo :
Bob Jenkins Jr.

Si vous souhaitez que votre Teckel associe un retour positif à un son, vous pouvez utiliser un clicker. Ils sont relativement peu coûteux et doivent être utilisés en même temps que vous félicitez votre chiot ou votre chien. Les clickers ne sont pas nécessaires, mais certains éducateurs les trouvent utiles.

Reconnaissance de son nom

Avec le temps, beaucoup d'entre nous inventent plusieurs noms pour nos chiens. Des surnoms, des noms humoristiques et des descriptions basées sur certaines de leurs actions ridicules (c'est pourquoi nous les aimons) peuvent tous être utilisés plus tard. Cependant, avant de pouvoir éduquer un chien, vous devez vous assurer que votre chien comprend son vrai nom.

1. Prenez quelques friandises et montrez-en une à votre chien.

2. Dites le nom du chien, dites immédiatement « Oui » (votre chien devrait vous regarder quand vous parlez), puis donnez-lui une friandise.

3. Attendez 10 secondes, puis montrez une friandise à votre chien et répétez l'étape 2.

Les séances ne devraient pas durer plus de cinq minutes environ, car votre chien perdra soit sa concentration, soit son intérêt. La reconnaissance du nom est quelque chose que vous pouvez faire plusieurs fois au cours de la journée. Après avoir fait cela pendant cinq à dix séances, l'entraînement changera un peu.

1. Attendez que votre chien ne vous prête pas attention.

2. Appelez votre chien. Si le chien a une laisse, donnez-lui une légère traction pour attirer son attention.

3. Dites « Oui » et donnez au chien une friandise quand il vous regarde.

Pendant cette période, ne prononcez pas le nom de votre chien lors des corrections ou sans raison valable. C'est parce qu'au début, vous devez amener le chien à associer son nom uniquement à quelque chose de très positif, comme des friandises. Cela programmera plus rapidement votre chien à vous écouter, quoi qu'il se passe autour de lui.

Il est probable que votre Teckel n'aura pas besoin de beaucoup de temps avant de reconnaître son nom.

Ordres essentiels

Il y a cinq ordres de base que tous les chiens devraient connaître. Ces ordres sont la base d'une relation heureuse et agréable avec votre chien. Au moment où votre chiot apprendra les cinq ordres, la corrélation entre les mots que vous dites et les actions attendues sera plus évidente. Cela donnera au chien un indice pour comprendre de nouveaux mots en termes d'attentes et facilitera grandement son apprentissage de concepts plus complexes.

Apprenez à votre chiot à exécuter les ordres dans l'ordre où ils apparaissent dans ce chapitre. Assis est un ordre de base, et quelque chose que tous les chiens font déjà naturellement. Comme les chiens s'assoient souvent, c'est l'ordre le plus facile à enseigner. Enseigner « laisse » et « lâche » est beaucoup plus difficile, et cela nécessite généralement que le chiot lutte contre un instinct ou un désir. Pensez à ces moments où vous vous laissez tenter par quelque chose que vous savez ne pas devoir faire : c'est exactement le même type de défi... mais avec un chiot . « Silence » peut être un autre ordre difficile car les chiens (particulièrement les chiots) ont tendance à aboyer comme réaction naturelle à quelque chose. Ces deux ordres prendront plus de temps à enseigner, vous voulez donc avoir les outils nécessaires déjà en place pour augmenter vos chances de succès.

Voici quelques règles de base à suivre pendant l'éducation :

- Incluez tout le monde à la maison dans l'éducation du Teckel. Le chiot doit apprendre à écouter tout le monde dans le foyer, et pas seulement une ou deux personnes. Un programme d'éducation établi peut n'impliquer que quelques personnes au début, surtout si vous avez des enfants. Il devrait toujours y avoir un adulte présent pour l'éducation, mais inclure un enfant pendant l'entraînement aidera à renforcer l'idée que le chiot doit écouter tout le monde dans la maison. C'est aussi un bon moyen pour un parent de surveiller l'interaction d'un enfant avec le chiot afin que tout le monde joue d'une manière sûre et respecte les règles.

- Pour commencer, sélectionnez un endroit où vous et votre chiot n'avez pas d'autres distractions, y compris le bruit. Laissez votre téléphone et autres appareils hors de portée afin de garder votre attention sur le chiot.

- Restez heureux et enthousiaste à propos de l'éducation. Votre chiot percevra votre enthousiasme et se concentrera mieux grâce à cela.

- Soyez cohérent et ferme dans votre enseignement.

- Apportez une friandise spéciale aux premières séances d'entraînement, comme des morceaux de poulet ou de petites friandises.

Assis

Commencez à enseigner « assis » lorsque votre chiot a environ huit semaines. Une fois que vous vous êtes installé dans votre lieu d'entraînement calme :

1.	Tendez une friandise.

2.	Déplacez la friandise au-dessus de la tête de votre chiot. Cela fera reculer le chiot.

3.	Dites « assis » lorsque l'arrière-train du chiot touche le sol.

Avoir une deuxième personne à proximité pour démontrer cela avec votre chiot sera utile car elle peut s'asseoir pour montrer ce que vous voulez dire.

Attendez que votre chiot commence à s'asseoir et dites « assis » pendant qu'il s'assoit. Si votre chiot finit de s'asseoir, félicitez-le. Naturellement, cela rendra votre chiot incroyablement excité et remuant, il faudra donc un peu de temps avant qu'il ne veuille s'asseoir à nouveau. Quand le moment viendra et que le chiot commencera à s'asseoir à nouveau, répétez le processus.

Il faudra quelques séances pour que le chiot associe complètement vos mots aux actions.Une fois que votre chiot a démontré sa maîtrise de « assis », commencez à lui apprendre « couché ».

Couché

Répétez le même processus pour enseigner cet ordre que celui que vous avez utilisé pour « assis ».

1.	Dites à votre chien de s'asseoir.

2.	Tendez la friandise.

3.	Abaissez la friandise vers le sol avec votre chien qui la renifle. Permettez à votre chiot de lécher la friandise, mais s'il se lève, recommencez.

Dites « couché » lorsque les coudes du chiot touchent le sol, puis félicitez-le tout en lui permettant de manger la friandise.

Attendez que le chiot commence à se coucher, puis dites « couché ». Si le Teckel termine l'action, offrez-lui la récompense choisie.

Pas bouger

« Pas bouger » est un ordre vital à enseigner car il peut empêcher votre chiot de traverser une rue en courant ou de courir vers quelqu'un qui est nerveux ou qui a peur des chiens. Il est important que votre chien ait maîtrisé « assis » et « couché » avant d'enseigner « pas bouger ». Apprendre cet ordre va être plus difficile car ce n'est pas quelque chose que votre chiot fait naturellement. Soyez prêt à ce que cela prenne un peu plus de temps.

1. Dites à votre chiot de s'asseoir ou de ne pas bouger.

2. Ce faisant, placez votre main devant le visage du chiot.

3. Attendez que le chiot arrête d'essayer de lécher votre main avant de recommencer.

4. Lorsque le chiot se calme, faites un pas en arrière. Si votre chiot ne bouge pas, dites « pas bouger » et donnez une friandise et quelques félicitations.

Donner la récompense à votre chiot indique que l'ordre est terminé, mais vous devez également indiquer que l'ordre est complet. Le chiot doit apprendre à ne pas bouger jusqu'à ce que vous disiez qu'il est acceptable de quitter l'endroit. Une fois que vous donnez l'autorisation de bouger, ne donnez pas de friandises. « Viens » ne doit pas être utilisé comme mot d'autorisation car c'est un ordre utilisé pour autre chose.

Répétez ces étapes, en vous éloignant davantage du chiot après un ordre réussi.

Une fois que votre chiot comprend « pas bouger » lorsque vous vous éloignez, commencez à l'entraîner à ne pas bouger même si vous ne bougez pas. Prolongez le temps nécessaire pour que le chiot reste à un endroit afin qu'il comprenne que « pas bouger » se termine par l'ordre d'autorisation.

Lorsque vous sentez que votre chiot a maîtrisé « pas bouger », commencez à lui apprendre à venir.

Viens ici

C'est un ordre que vous ne pouvez pas enseigner tant que le chiot n'a pas appris les ordres précédents. Avant de commencer la séance d'entraînement, décidez si vous voulez utiliser « viens » ou « viens ici » pour l'ordre. Soyez cohérent dans les mots que vous utilisez.

Cet ordre est important pour la même raison que le précédent. Si vous êtes entouré de personnes nerveuses en présence de chiens, ou si vous rencontrez un animal sauvage ou une autre distraction, cet ordre peut ramener l'attention de votre chiot vers vous.

1. Mettez la laisse au chiot.

2. Dites au chiot de ne pas bouger.

3. Éloignez-vous du chiot.

4. Dites l'ordre que vous utiliserez pour « viens » et donnez une légère traction sur la laisse vers vous.

Répétez ces étapes, en augmentant la distance entre vous et le chiot. Une fois que le chiot semble comprendre, retirez la laisse et commencez à une distance proche. Si votre chiot ne semble pas comprendre l'ordre, donnez quelques indices visuels sur ce que vous voulez. Par exemple, vous pouvez tapoter votre jambe ou claquer des doigts. Dès que votre chiot vient en courant vers vous, offrez-lui une récompense.

Descends

Bien que les Teckels soient petits, il est important d'apprendre à votre chien à descendre de quelque chose. Ce n'est pas la même chose que d'apprendre à votre chien à ne pas sauter sur les gens (chapitre 8). Cet ordre sert spécifiquement à faire descendre votre chien des meubles ou des surfaces qui peuvent être trop dangereuses. C'est un entraînement que vous devrez être prêt à faire sur le vif car vous entraînez votre chien à arrêter une action. Cela signifie que vous devez réagir à cette action indésirable. Avoir des friandises à portée de main sera essentiel lorsque vous verrez votre chien monter sur des choses sur lesquelles vous ne voulez pas qu'il monte.

1. Attendez que votre chien pose ses pattes sur quelque chose sur lequel vous ne voulez pas qu'il monte.

2. Dites « Descends » et attirez-le avec une friandise que vous gardez juste hors de sa portée.

3. Dites « Oui » et donnez-lui une friandise dès que ses pattes quittent la surface.

Répétez cela chaque fois que vous observez ce comportement. Il faudra probablement au moins une demi-douzaine de fois avant que votre chien ne comprenne qu'il ne doit plus effectuer cette action. Au fil du temps, passez des friandises aux félicitations ou au jeu avec un jouet.

Laisse

C'est un ordre d'entraînement difficile, mais vous devez apprendre à votre chien « laisse » pour quand vous êtes en promenade et que vous voulez qu'il ignore d'autres personnes ou chiens.

1. Laissez votre chien voir que vous avez des friandises dans votre main, puis fermez-la. Votre poing doit être assez proche pour que votre chien puisse renifler la friandise.

2. Dites « Laisse » lorsque votre chien commence à renifler votre main.

3. Dites « Oui » et donnez une friandise à votre chien lorsqu'il détourne la tête des friandises. Au début, cela prendra probablement un certain temps car votre chien voudra ces friandises. Ne continuez pas à dire « Laisse » car votre chien ne doit pas apprendre que vous donnerez un ordre plus d'une fois. Vous voulez qu'il apprenne qu'il doit faire ce que vous dites la première fois que vous le dites, c'est pourquoi les friandises sont recommandées au début. Si une minute ou plus s'écoule après avoir donné l'ordre, vous pouvez alors le donner à nouveau, mais assurez-vous que votre chien est concentré sur vous et non distrait.

Ces séances ne devraient durer qu'environ cinq minutes et il faudra un certain temps à votre chien pour apprendre, car vous lui apprenez à ignorer quelque chose qu'il fait naturellement. Lorsqu'il commence à comprendre et détourne le regard lorsque vous dites « laisse » sans passer beaucoup de temps à renifler, vous pouvez passer à des versions plus avancées de l'entraînement.

1. Laissez votre main ouverte pour que votre chien puisse voir les friandises.

2. Dites « Laisse » lorsque votre chien commence à montrer de l'intérêt (ce sera probablement presque immédiatement, surtout puisque vous n'aurez pas votre main fermée, alors soyez prêt).

   a. Fermez votre poing si votre chien continue à renifler ou s'approche des friandises dans votre main.

   b. Donnez à votre chien une friandise de votre autre main s'il s'arrête.

Répétez ces étapes jusqu'à ce que votre chien arrête finalement d'essayer de renifler les friandises. Lorsque votre chien semble avoir compris cela, passez à la version la plus difficile de cet ordre.

1. Placez des friandises sur le sol, ou laissez votre chien vous voir les cacher, et restez près de ces friandises.

2. Dites « Laisse » lorsque votre chien commence à montrer de l'intérêt à renifler les friandises.

   a. Placez une main sur les friandises s'il n'écoute pas.

   b. Donnez-lui une friandise de votre main si votre chien écoute.

À partir de là, vous pouvez commencer à vous entraîner en vous tenant plus loin de la friandise avec votre chien en laisse afin de pouvoir l'arrêter si nécessaire. Ensuite, commencez à utiliser d'autres choses que votre chien aime, comme un jouet préféré ou une autre friandise tentante que vous ne lui donnez pas habituellement.

Lâche

Ce sera l'un des ordres les plus difficiles que vous enseignerez à votre chiot car il va à l'encontre à la fois des instincts et des intérêts de votre chiot. Votre chiot veut garder tout ce qu'il a, vous allez donc devoir lui offrir quelque chose de mieux à la place. Il est essentiel d'enseigner l'ordre tôt, car votre Teckel pourrait être très destructeur dans les premiers jours. De plus, cet ordre pourrait sauver la vie de votre compagnon. Il est susceptible de se jeter sur des choses qui ressemblent à de la nourriture lorsque vous êtes en promenade et cet ordre lui fera lâcher tout ce qui est potentiellement dangereux.

Commencez avec un jouet et une friandise, ou une grande friandise que votre chien ne peut pas manger en quelques secondes, comme un os à mâcher. Assurez-vous que la friandise que vous avez est une friandise que votre chiot ne reçoit pas très souvent afin qu'il soit motivé à lâcher le jouet ou la grande friandise.

1. Donnez à votre chiot le jouet ou la grande friandise. Si vous voulez aussi utiliser un clicker, associez-le à la friandise excitante que vous utiliserez pour aider à convaincre votre chiot de lâcher la friandise.

2. Montrez à votre chiot la friandise excitante.

3. Dites « Lâche » et quand il lâche la friandise ou le jouet, dites-lui « bien » et remettez-lui la friandise excitante tout en ramassant la friandise ou le jouet lâché.

4. Répétez cela immédiatement après que votre chiot ait fini de manger la friandise excitante.

Vous devrez continuer à renforcer cet ordre pendant des mois après qu'il soit appris car ce n'est pas un instinct naturel. Vous devriez également commencer à utiliser de la nourriture que votre chien trouve presque irrésistible. C'est l'une de ces rares occasions où vous devez utiliser une friandise car votre chiot a besoin de quelque chose pour le convaincre de lâcher un jouet bien-aimé, ou, plus important encore, de la nourriture qu'il ne devrait pas manger.

Silence

Vous voulez vous assurer que votre chiot ne devienne pas une nuisance, surtout si vous êtes en appartement. Au début, vous pouvez utiliser des friandises avec parcimonie pour renforcer le silence si votre chiot aime faire du bruit.

1.   Lorsque votre chiot aboie sans raison évidente, dites-lui de se taire et placez une friandise à proximité. Il est presque garanti que le chien se taira pour renifler la friandise.

2. Si votre chien se tait, dites « Bon chien » ou « bon silence ».

Il ne faudra pas trop longtemps à votre chiot pour comprendre que « silence » signifie ne pas aboyer.

Si vous voulez que votre Teckel soit davantage un chien de garde, vous devrez lui fournir des conseils sur quand il doit aboyer. Par exemple, vous pouvez lui apprendre à aboyer lorsque des personnes viennent à la porte (vous aurez besoin de l'aide d'un ami ou d'un autre membre de la famille pour qu'il n'aboie pas lorsque la famille arrive). Vous devriez demander l'aide d'un professionnel pour cela car c'est un type d'éducation plus avancé, et les Teckels réagissent tous différemment. Un professionnel peut vous aider à adapter l'approche pour apprendre à votre chien quand aboyer sur les personnes à la porte. Sinon, vous voudrez que votre chien sache qu'il ne devrait pas aboyer au hasard sur les oiseaux à la fenêtre ou les écureuils qui courent dans la cour.

Où aller avec ces bases

Les Teckels sont une race assez facile à éduquer, vous n'aurez donc peut-être pas besoin d'emmener votre chien à des cours. Aussi souvent que non, ils seront capables de comprendre ce que vous voulez leur apprendre sans aucune autre aide. Cependant, ils apprécieront la socialisation supplémentaire si vous souhaitez les emmener à un cours pour chiots ou d'obéissance. C'est un environnement sûr et une excellente occasion pour vous deux d'apprendre, et il y aura un expert présent pour vous indiquer la meilleure façon d'apprendre à votre chiot comment se comporter.

École du chiot

Les chiots peuvent commencer à aller à l'école du chiot dès l'âge de 6 semaines. C'est le début de l'éducation à l'obéissance, mais vous devrez faire attention aux interactions avec d'autres chiens jusqu'à ce que votre chiot ait terminé ses vaccinations. Parlez avec votre vétérinaire du moment opportun pour commencer les cours, ou au moins d'un moment sûr. Votre vétérinaire pourra peut-être vous recommander de bons cours d'éducation pour chiots dans votre région.

L'objectif principal de ces cours est la socialisation. Des études ont montré qu'un tiers des chiots ont une exposition minimale à de nouvelles personnes et à de nouveaux chiens au cours des 20 premières semaines de leur vie, ce qui peut rendre le monde extérieur plus effrayant. L'école du chiot vous donne, à vous et à votre chiot, la chance d'apprendre à rencontrer et à saluer d'autres personnes et chiens dans un environnement strictement contrôlé. Les chiens qui assistent à ces cours sont beaucoup plus amicaux et sont moins stressés par des choses comme les gros camions, les bruits forts et les visiteurs. Ils sont également moins susceptibles d'être nerveux ou de souffrir d'anxiété de séparation.

C'est aussi une bonne formation pour vous. Dans les mêmes études, les personnes qui ont assisté à ces cours étaient mieux en mesure de réagir de manière appropriée lorsqu'un chiot était désobéissant ou se comportait mal. Les cours vous apprennent comment éduquer votre chiot et comment faire face à la nature têtue de votre chien.

De nombreux cours vous aideront avec certains des ordres de base, comme « assis » et « couché ». Recherchez un cours qui se concentre également sur la socialisation afin que votre chiot puisse tirer le meilleur parti du cours.

Éducation à l'obéissance

Après que votre chiot ait obtenu son diplôme de l'école du chiot et comprenne la plupart des ordres de base, vous pouvez passer aux cours d'obéissance. Les cours d'obéissance sont plus difficiles, mais cela ne devrait pas être un défi trop important pour un Teckel. Certains éducateurs proposent une éducation à l'obéissance à domicile, mais il est préférable de trouver un cours afin que votre chien puisse continuer la socialisation dans le cadre de son éducation. Si votre chiot assiste à des cours pour chiots, les éducateurs peuvent vous fournir les prochains cours qu'ils recommandent. Les chiens de presque tous les âges peuvent assister à des cours d'éducation à l'obéissance, bien que votre chien doive être assez âgé pour écouter.

L'éducation à l'obéissance comprend généralement ce qui suit :

● Enseigner ou renforcer les ordres de base, comme « assis », « pas bouger », « viens ici » et « couché ».

● Comment marcher sans tirer sur la laisse.

● Comment saluer correctement les personnes et les chiens, y compris ne pas sauter sur eux.

L'école d'obéissance concerne autant votre formation que celle de votre chien. Elle vous aide à apprendre comment éduquer tout en faisant passer votre chien par les ordres de base et comment se comporter pour les tâches de base, comme les salutations et la marche. Les cours durent généralement entre 7 et 10 semaines.

Demandez des recommandations à votre vétérinaire. Si votre vétérinaire n'a pas de recommandations, prenez le temps de rechercher soigneusement vos options. Examinez les détails suivants lors de l'évaluation des éducateurs :

- Sont-ils titulaires d'un diplôme ou d'une attestation reconnue, comme le Brevet professionnel d'éducateur canin ou l'ACACED ?

- Combien d'années ont-ils passé à éduquer des chiens ?

- Ont-ils de l'expérience dans l'éducation des Teckels ?

- Pouvez-vous participer à l'éducation ? Si la réponse est non, ne choisissez pas cet éducateur. Vous devez faire partie de l'éducation de votre chien car l'éducateur ne sera pas présent pendant la majeure partie de la vie de votre chien. Par conséquent, votre chien doit apprendre à vous écouter.

L'éducation à l'obéissance n'aide pas avec les problèmes comportementaux graves. Si votre chien souffre d'anxiété, de dépression ou d'autres problèmes comportementaux graves, vous devez engager un éducateur pour aider votre chien à surmonter ces problèmes. Faites vos recherches pour vous assurer que l'éducateur sélectionné est un expert, de préférence avec de l'expérience avec des chiens intelligents et obstinés. Si possible, trouvez quelqu'un qui a de l'expérience avec les Teckels.

Une fois que votre Teckel a maîtrisé les ordres de base et a bien réussi dans l'éducation à l'obéissance, vous pouvez commencer à faire d'autres entraînements plus agréables. Tant que votre Teckel a bien réussi dans les cours, vous ne devriez pas avoir besoin d'un éducateur car votre chien vous écoutera. Avec une base pour les ordres et un intérêt plus actif à en apprendre davantage, cela pourrait être une excellente base pour faire plus, tant que votre Teckel est intéressé. À ce stade, vous devriez être en mesure de dire si votre chien est intéressé, et vous aurez certainement une meilleure idée si vous voulez poursuivre une éducation plus difficile compte tenu de la personnalité de votre chien.

CHAPITRE 12
Alimentation

L es Teckels adorent manger, mais leur estomac a tendance à être assez sensible. Cette sensibilité digestive n'est qu'une des raisons pour lesquelles vous devez être très vigilant quant à ce que votre Teckel mange et en quelle quantité. Pour le bien-être de votre chien (et de votre odorat), vous devez prendre très au sérieux ses besoins alimentaires. Une alimentation de qualité contribuera à maintenir votre chien en bonne santé et plus heureux.

Comme cette race est prédisposée à l'obésité, vous devrez surveiller attentivement ce que mange votre Teckel. Il est beaucoup trop facile de donner trop de friandises, surtout si tous les membres de votre famille « éduquent » le chien. Si chacun s'habitue à éduquer le chien avec des félicitations ou des jouets plutôt qu'avec des friandises, le poids et l'estomac de votre chien seront beaucoup moins problématiques. Comme votre chien est toujours près de vous, il sera facile de penser que lui donner occasionnellement une frite ne pose pas de problème. Comme vous le découvrirez bientôt, son estomac ne sera probablement pas d'accord.

Crédit photo :
Sandra Mazzafera

De plus, vous ne voulez pas apprendre à un chien intelligent que la nourriture dans votre assiette est à sa disposition, car cela augmente simplement le risque que votre chien apprenne à prendre de la nourriture lorsque vous la laissez sans surveillance.

Pourquoi une alimentation saine est importante

La plupart des Teckels peuvent être amenés à faire presque tout ce qui est dans leurs capacités si vous leur promettez de la nourriture. C'est là que leur amour de la nourriture et leur petite taille commencent vraiment à nuire à leur santé. Toutes les précautions que vous prenez pour ne pas blesser le dos de votre chien peuvent être compromises si votre compagnon devient trop lourd pour sa petite ossature.

Vous devez avoir connaissance du nombre approximatif de calories que votre chien consomme par jour, friandises comprises. Habituez-vous à peser régulièrement votre chien afin de connaître son poids.

Ainsi, vous saurez quand il prend des kilos. Vous pouvez également établir des contrôles de poids réguliers à domicile, car les Teckels tiennent sur les balances domestiques, bien que vous deviez faire preuve d'un peu de créativité (sans soulever votre compagnon) si votre Teckel est plus long que votre balance. Cela vous indiquera quand vous devriez ajuster la quantité de nourriture que votre Teckel mange par jour, ou changer son alimentation pour quelque chose avec plus de valeur nutritionnelle, mais moins de calories.

Aliments dangereux

Les chiens peuvent manger de la viande crue sans avoir à s'inquiéter des problèmes qu'un humain rencontrerait. Cependant, certains aliments pour humains pourraient être fatals à votre Teckel. Vous devriez tenir ces aliments éloignés de tous les chiens :

- Pépins de pomme
- Chocolat
- Café
- Os cuits (ils peuvent tuer un chien lorsqu'ils se brisent dans la gueule ou l'estomac du chien)
- Épis de maïs (l'épi est mortel pour les chiens ; le maïs sans épi ne pose pas de problème)
- Raisins frais/secs
- Noix de macadamia
- Oignons et ciboulette
- Pêches, kakis et prunes
- Tabac (votre Teckel ne saura pas que ce n'est pas un aliment et pourrait le manger s'il est laissé à portée)
- Xylitol (un substitut du sucre dans les bonbons et les produits de boulangerie)
- Levure

En plus de ces aliments potentiellement mortels, il existe une longue liste de choses que votre chien ne devrait jamais manger. En France, l'ANSES et la Société Centrale Canine proposent des informations fiables à ce sujet, et de nombreux vétérinaires publient également des listes détaillées des aliments à éviter.

Nutrition canine

Les besoins alimentaires d'un chien sont significativement différents de ceux d'un humain. Les personnes sont plus omnivores que les chiens, ce qui signifie qu'elles ont besoin d'une plus large gamme de nutriments pour être en bonne santé. Les chiens sont largement carnivores, et les protéines constituent une part importante de leurs besoins alimentaires. Cependant, ils ont besoin de plus que des protéines pour être en bonne santé.

Le tableau suivant présente les principales exigences nutritionnelles pour les chiens.

Nutriment	Sources	Chiot	Adulte
Protéines	Viande, œufs, soja, maïs, blé, beurre de cacahuète	22,0 % du régime	18,0 % du régime
Graisses	Huile de poisson, huile de lin, huile de colza, graisse de porc, graisse de volaille, huile de carthame, huile de tournesol, huile de soja	8,0 à 15,0 % du régime	5,0 à 15,0 % du régime
Calcium	Produits laitiers, abats, viandes, légumineuses (typiquement haricots)	1,0 % du régime	0,6 % du régime
Phosphore	Viande et compléments pour animaux	0,8 % du régime	0,5 % du régime
Sodium	Viande, œufs	0,3 % du régime	0,06 % du régime

Voici les autres nutriments dont les chiens ont besoin, tous représentant moins de 1 % de l'alimentation d'un chiot ou d'un adulte :

- Arginine
- Histidine
- Isoleucine
- Leucine

- Lysine
- Méthionine + cystine
- Phénylalanine + tyrosine
- Thréonine
- Tryptophane
- Valine
- Chlorure

Il est préférable d'éviter de donner à votre chien des aliments pour humains contenant beaucoup de sodium et de conservateurs.

L'eau est également absolument essentielle pour maintenir votre chien en bonne santé. Il devrait toujours y avoir de l'eau dans le bol de votre chien, alors prenez l'habitude de le vérifier plusieurs fois par jour pour que votre chien ne se déshydrate pas.

Protéines et acides aminés

Comme les chiens sont carnivores, les protéines constituent l'un des nutriments les plus importants dans l'alimentation d'un chien en bonne santé (bien qu'ils ne doivent pas manger de viande de façon aussi exclusive que leurs proches parents les loups ; leur alimentation et leurs besoins ont considérablement changé depuis qu'ils sont devenus les compagnons des humains). Les protéines contiennent les acides aminés nécessaires pour que votre chien produise du glucose, essentiel pour lui donner de l'énergie.

Crédit photo :
Mavourneen Smith

Un manque de protéines dans l'alimentation de votre chien le rendra léthargique. Son pelage peut commencer à paraître terne et il est susceptible de perdre du poids. À l'inverse, si votre chien consomme trop de protéines, son corps stockera l'excès de protéines sous forme de graisse, ce qui signifie qu'il prendra du poids.

La viande est généralement la meilleure source de protéines, et elle est recommandée puisque les besoins alimentaires d'un chien sont significativement différents de ceux

d'un humain. Cependant, il est possible pour un chien d'avoir un régime végétarien tant que vous vous assurez qu'il obtient les protéines nécessaires par d'autres sources, et vous devrez inclure de la vitamine D supplémentaire dans sa nourriture. Si vous prévoyez de nourrir votre chien avec un régime végétarien, parlez-en d'abord à votre vétérinaire. Il est incroyablement difficile de s'assurer qu'un carnivore obtient suffisamment de protéines avec un régime végétarien, surtout les chiots, vous devrez donc consacrer beaucoup de temps à la recherche et à la discussion avec des experts en nutrition pour vous assurer que votre chien reçoit les protéines nécessaires à ses besoins.

Graisses et acides gras

La plupart des graisses dont votre chien a besoin proviennent également de la viande, bien que les huiles de graines puissent également fournir beaucoup des graisses saines nécessaires, le beurre de cacahuète étant l'une des sources les plus courantes. Les graisses sont décomposées en acides gras, dont votre chien a besoin pour les vitamines liposolubles qui aident aux fonctions cellulaires régulières. L'avantage le plus évident des graisses et des acides gras se voit dans le pelage de votre chien, qui aura un aspect et une sensation beaucoup plus sains lorsque votre chien recevra les bons nutriments.

Il existe un certain nombre de problèmes de santé potentiels si votre chien ne reçoit pas suffisamment de graisses dans son alimentation quotidienne.

- Son pelage paraîtra moins sain.
- Sa peau peut être sèche et provoquer des démangeaisons.
- Son système immunitaire pourrait être compromis, rendant plus facile pour votre chien de tomber malade.
- Il peut avoir un risque accru de maladie cardiaque.

La principale préoccupation si votre chien consomme trop de graisses est qu'il prendra du poids et deviendra obèse, entraînant des problèmes de santé supplémentaires. Pour les races prédisposées aux problèmes cardiaques, vous devez être particulièrement attentif à vous assurer que votre chien reçoit la bonne quantité de graisses dans son alimentation. On estime que 18 % des Teckels ont des problèmes cardiaques.

Glucides et aliments cuits

Les chiens vivent avec les humains depuis des millénaires, leurs besoins alimentaires ont donc évolué comme les nôtres. Ils sont capables de manger des aliments contenant des glucides pour compléter l'énergie généralement fournie par les protéines et les graisses. Si vous cuisez des céréales (comme l'orge, le maïs, le riz et le blé) avant de les donner à votre chien, il lui sera plus facile de digérer ces glucides complexes. C'est un élément à garder à l'esprit lorsque vous réfléchissez au type de nourriture que vous donnerez à votre chien, car vous voulez obtenir des croquettes (nourriture sèche pour chien) qui utilisent de la viande plutôt que des céréales ; bien que votre chien puisse digérer des aliments contenant des céréales, il n'en tirera pas autant de valeur nutritionnelle que d'un aliment contenant de la vraie viande.

Différentes exigences alimentaires selon les étapes de la vie

« Veillez à ne pas trop nourrir votre Teckel. La plupart devront passer de l'alimentation pour chiots à l'alimentation pour adultes vers l'âge de 8 mois, sinon ils risquent de prendre trop de poids. Gardez-les minces, mais bien compacts. Vous devriez pouvoir sentir leurs côtes mais pas les voir. »

Shona Malapelli
Malapelli's Minions Miniature Dachshunds

Les différentes étapes de la vie d'un chien ont des besoins nutrition-nels différents :

- Chiots
- Adultes
- Chiens seniors

Alimentation pour chiots

Les fabricants d'aliments pour chiens produisent un type d'alimen-tation complètement différent pour les chiots pour une très bonne rai-son : leurs besoins nutritionnels sont très différents de ceux de leurs ho-mologues adultes. Durant environ les 12 premiers mois de leur vie, le corps des chiots se développe. Pour être en bonne santé, ils ont besoin de plus de calories et ont des besoins nutritionnels différents pour favo-riser cette croissance.

Alimentation pour chiens adultes

La principale différence entre l'alimentation pour chiots et celle pour chiens adultes est que l'alimentation pour chiots est plus riche en calo-ries et en nutriments qui favorisent la croissance. Les fabricants d'ali-ments pour chiens réduisent ces nutriments dans les aliments destinés aux chiens adultes, car ils n'ont plus besoin de soutenir la croissance. En règle générale, lorsqu'un chien atteint environ 90 % de sa taille adulte prévue, vous devriez passer à une alimentation pour chiens adultes.

La taille de votre chien est essentielle pour déterminer combien le nourrir. Le tableau suivant est une recommandation générale sur la quantité à donner à votre Teckel adulte par jour. Au début, vous voudrez

Crédit photo :
Thomas Gaudet & Makenzie Carty

peut-être vous concentrer sur les calories en essayant de trouver le bon équilibre pour votre chien.

Taille du chien	Calories
5 kg	420 pendant les mois chauds 630 pendant les mois froids
10 kg	700 pendant les mois chauds 1.050 pendant les mois froids
15 kg	900 pendant les mois chauds 1 400 pendant les mois froids

Notez qu'aucun Teckel n'a besoin de plus de 900 calories pendant les mois chauds, et ils leur faut moins de 1 500 même quand il fait froid. Ce n'est pas beaucoup de nourriture, vous devez donc être très conscient du nombre de calories que vous donnez à votre chien pour vous assurer qu'il maintient un poids de forme. Cette échelle correspond à la fourchette de poids idéale d'un chien. Si votre chien est en surpoids ou obèse, demandez à votre vétérinaire combien vous devriez nourrir votre chien par jour.

Gardez également à l'esprit que ces recommandations sont par jour, et non par repas. Que vous nourrissiez votre chien une fois par jour ou plusieurs fois par jour, assurez-vous de mesurer soigneusement la quantité de nourriture que vous donnez afin de ne pas dépasser la recommandation quotidienne.

Si vous prévoyez d'ajouter de la nourriture humide, faites attention à l'apport calorique total et ajustez la quantité que vous donnez à votre chien entre les croquettes et la nourriture humide. En d'autres termes, le total des calories dans les croquettes et la nourriture humide devrait s'équilibrer pour ne pas dépasser les besoins de votre chien. Il en va de même si vous donnez beaucoup de friandises à votre chien au cours de la journée. Vous devriez tenir compte du nombre de calories des friandises dans la quantité que vous donnez à votre chien aux heures de repas.

Si vous prévoyez de nourrir votre chien avec des aliments faits maison, vous devrez en apprendre davantage sur la nutrition, et vous devrez prêter une attention particulière aux calories, et non aux mesures en tasses.

Alimentation pour chiens seniors

Les chiens seniors ne sont pas toujours capables d'être aussi actifs qu'ils l'étaient dans leur jeunesse. Si vous remarquez que votre chien ralentit ou constatez qu'il n'est pas capable de faire de longues promenades en raison de douleurs articulaires ou d'un manque d'endurance, c'est un bon signe que votre chien entre dans ses années seniors. Consultez votre vétérinaire lorsque vous pensez qu'il est temps de changer le type d'alimentation que vous donnez à votre chien.

La principale différence entre l'alimentation pour adultes et celle pour seniors est que l'alimentation pour chiens seniors contient moins de graisses et plus d'antioxydants pour aider à lutter contre la prise de poids. Les chiens seniors ont également besoin de plus de protéines, ce qui rendra probablement votre chien heureux car cela signifie généralement plus de viande et de saveurs de viande. Les protéines aident à maintenir les muscles vieillissants de votre chien. Il devrait manger moins de phosphore pendant ses vieilles années pour éviter le risque de développer une hyperphosphatémie. Il s'agit d'une affection où les chiens ont des quantités excessives de phosphore dans leur circulation sanguine, et les chiens plus âgés courent un plus grand risque de la développer. Le phosphore se trouve principalement dans les os pour aider aux contractions musculaires et aux nerfs. Le niveau de phosphore dans le corps est contrôlé par les reins. Ainsi, des niveaux élevés de phosphore sont généralement une indication d'un problème rénal.

L'alimentation pour chiens seniors contient le bon nombre de calories pour l'activité réduite, vous ne devriez donc pas avoir besoin d'ajuster la quantité de nourriture que vous donnez à votre chien, à moins que vous ne remarquiez qu'il prend du poids. Consultez votre vétérinaire avant d'ajuster la quantité de nourriture ou si vous remarquez que votre chien prend du poids. Cela pourrait être le signe d'une maladie de chien senior.

Les options de repas pour votre chien

Vous avez trois choix principaux pour nourrir votre chien, ou vous pouvez utiliser une combinaison des trois, selon votre situation et les besoins spécifiques de votre chien :

- Nourriture industrielle
- Alimentation crue
- Alimentation faite maison

Nourriture industrielle

Assurez-vous de choisir la meilleure alimentation possible pour votre chien, en fonction de votre budget. Prenez le temps de rechercher chacune de vos options, en particulier la valeur nutritionnelle de la nourriture, et faites-en une tâche annuelle. Vous voulez vous assurer que la nourriture que vous donnez à votre chien est de qualité. Tenez toujours compte de la taille, des niveaux d'énergie et de l'âge de votre chien. Votre chiot peut ne pas avoir besoin d'une alimentation pour chiots aussi longtemps que d'autres races, et l'alimentation pour chiens seniors peut ne pas être la meilleure option pour votre Teckel senior.

Plusieurs sites français consacrés aux chiens, comme Wamiz ou SantéVet, publient régulièrement des articles sur les aliments industriels adaptés aux Teckels. Comme de nouveaux aliments arrivent fréquemment sur le marché, vérifiez de temps en temps s'il existe des aliments plus récents et meilleurs. Comme vous devez faire attention au poids de votre Teckel, cela vaut vraiment la peine de vérifier que vous lui donnez la meilleure nourriture disponible.

Si vous n'êtes pas sûr de la marque d'aliments qui convient le mieux, demandez à l'éleveur ce qu'il recommande. Les éleveurs sont vraiment les meilleurs guides pour vous ici, car ce sont des experts de la race, mais vous pouvez demander à votre vétérinaire car il y a de fortes chances qu'il ait travaillé avec des Teckels.

Certains chiens peuvent être difficiles, et ils peuvent certainement se lasser d'avoir la même nourriture à plusieurs reprises. Tout comme vous variez vos repas, vous pouvez changer ce que mange votre Teckel. Bien que vous ne deviez pas changer fréquemment la marque de nourriture, vous pouvez obtenir des aliments qui ont différentes saveurs. Vous pouvez également changer le goût en ajoutant un peu de nourriture humide (en conserve). C'est un changement facile à faire, en donnant à votre chien une nourriture en conserve différente (généralement environ 1/4 à 1/3 de la boîte pour un repas, selon la taille de votre chien) à chaque repas.

Pour plus de détails sur les options disponibles dans le commerce, vous pouvez consulter des sites français comme Wamiz ou SantéVet, qui publient régulièrement des avis sur les différentes marques et alertent en cas de rappels de produits.

Croquettes pour chien

La nourriture sèche pour chiens est souvent vendue en sacs, et c'est ce que la grande majorité des gens donnent à leurs chiens.

Croquettes pour chien

Les plus	Les moins
• Praticité	• Nécessite des recherches pour éviter d'acheter de la malbouffe pour chien
• Variété	
• Disponibilité	• Emballage pas toujours honnête
• Prix abordable Respect des recommandations nutritionnelles	• Rappels pour contamination alimentaire
• Formules adaptées aux différents stades de vie	• Ingrédients douteux dans les aliments de mauvaise qualité
• Utilisables pour le dressage	
• Stockage facile	

C'est plus facile et commode pour votre budget, ce qui signifie que vous allez presque certainement acheter des croquettes pour votre chien. C'est parfaitement normal, et la plupart des chiens seront plus qu'heureux de manger des croquettes. Sachez simplement quelle marque vous donnez actuellement à votre chien, et faites attention aux rappels de croquettes pour vous assurer d'arrêter de donner à votre chien un aliment particulier si nécessaire. Consultez régulièrement les sites suivants pour vous assurer que la nourriture de votre chien n'a pas fait l'objet d'un rappel :

- le site de la DGCCRF

- RappelConso.gouv.fr

Nourriture humide industrielle

La plupart des chiens préfèrent la nourriture humide aux croquettes, mais elle est également plus coûteuse. La nourriture humide pour chiens peut être achetée en packs plus grands qui peuvent être très faciles à stocker.

Nourriture humide pour chien

Les plus	Les moins
• Aide à maintenir l'hydratation des chiens	• Les gamelles doivent être lavées après chaque repas
• Arôme et saveur plus riches	• Peut ramollir les selles
• Plus facile à manger pour les chiens ayant des problèmes dentaires (particulièrement ceux qui ont perdu des dents) ou les chiens malades	• Plus salissant que les croquettes
	• Durée de conservation très courte une fois ouverte, doit être couverte et réfrigérée
• Pratique et facile à servir Longue conservation non ouverte, entre 1 et 3 ans	• Plus cher que les croquettes et vendue en petites quantités
• Équilibrée selon les recommandations nutritionnelles actuelles pour animaux de compagnie	• Emballage pas toujours honnête
	• Rappels pour contamination alimentaire

Comme la nourriture sèche pour chiens, la nourriture humide est pratique, et les chiens difficiles sont beaucoup plus susceptibles de la manger que des croquettes. Lorsque votre chien est malade, il est préférable d'utiliser de la nourriture humide pour s'assurer qu'il mange afin qu'il obtienne la nutrition nécessaire chaque jour. Il peut être un peu plus difficile de revenir aux croquettes une fois qu'il est en bonne santé, mais vous pouvez toujours continuer à ajouter un peu de nourriture humide pour rendre chaque repas plus appétissant pour votre chien.

Alimentation crue

Pour les chiens comme les Teckels qui ont des allergies alimentaires, les régimes crus peuvent aider à éviter que votre chien ait une réaction allergique au blé et aux aliments transformés. Les régimes crus sont riches en viandes crues, os, légumes et compléments spécifiques. Certains des avantages d'un régime cru comprennent :

- Améliore le pelage et la peau de votre chien
- Améliore le système immunitaire
- Améliore la santé (grâce à une meilleure digestion)
- Augmente l'énergie
- Augmente la masse musculaire

Les régimes crus sont destinés à donner à votre chien le type de nourriture qu'il mangeait avant d'être domestiqué. Cela signifie donner à votre chien des viandes non cuites, des os entiers (non cuits) et un peu de produits laitiers. Cela n'inclut aucun aliment transformé de quelque nature que ce soit, pas même les aliments cuits dans votre cuisine.

Il existe des risques potentiels à ce régime. Les chiens sont domestiqués depuis des millénaires, et leur système digestif a évolué au fil du temps. Essayer de les ramener au type d'alimentation qu'ils mangeaient autrefois ne fonctionne pas toujours comme prévu car ils ne sont peut-être plus capables de la digérer complètement. Il y a également beaucoup de risques à nourrir les chiens avec des repas non cuits, en particulier si la nourriture a été contaminée. Des choses comme les bactéries posent un risque sérieux et peuvent vous être transmises si votre chien tombe malade. De nombreux professionnels de la santé mettent également en garde contre les dangers de donner des os aux chiens, même s'ils ne sont pas cuits. Les os peuvent se briser dans la gueule de votre chien, perforant l'œsophage ou l'estomac.

Des sites spécialisés sur l'alimentation animale, comme Wamiz ou SantéVet, proposent de nombreuses informations sur le régime cru : conseils pour passer progressivement votre chien à ce mode d'alimentation et idées de recettes adaptées.

Alimentation faite maison

Si vous préparez régulièrement votre propre nourriture (à partir de zéro, pas avec un micro-ondes ou un repas en boîte), cela ne prend pas beaucoup plus de temps pour fournir un repas tout aussi sain à votre compagnon.

En gardant à l'esprit les aliments que votre Teckel ne devrait absolument pas manger, vous pouvez mélanger une partie de la nourriture que vous préparez pour vous-même dans le repas de votre Teckel. Assurez-vous simplement d'ajouter un peu plus de ce dont votre Teckel a besoin dans le bol de nourriture. Bien que vous et votre Teckel ayez des besoins alimentaires bien différents, vous pouvez adapter vos aliments pour inclure des nutriments dont votre chien a besoin.

Ne nourrissez pas votre Teckel depuis votre assiette. Séparez la nourriture, en plaçant le repas de votre chien dans un bol pour que votre canidé comprenne que votre nourriture est juste pour vous. Les meilleurs repas faits maison devraient être planifiés à l'avance afin que votre Teckel reçoive le bon équilibre nutritionnel.

Généralement, 50 % de la nourriture de votre chien devrait être des protéines animales (poisson, volaille et abats). Environ 25 % devraient être riches en glucides complexes. Les 25 % restants devraient provenir de fruits et légumes, en particulier des aliments comme la citrouille, les pommes, les bananes et les haricots verts. Ces aliments fournissent une saveur supplémentaire que votre Teckel aimera probablement tout en le faisant se sentir rassasié plus rapidement, de sorte que le risque de trop manger est réduit.

Voici quelques sites que vous pouvez utiliser pour apprendre à préparer des repas pour les canidés. Certains d'entre eux ne sont pas spécifiques aux Teckels, donc si vous avez plus d'un chien, ces repas peuvent être préparés pour tous vos amis canins à fourrure :

- **Wamiz.com** : articles et recettes sur l'alimentation maison pour chiens

- **SantéVet** : conseils nutritionnels et recommandations vétérinaires

- **La Société Centrale Canine (SCC)** : informations générales sur la santé et l'alimentation des chiens

Planification des repas

Votre Teckel s'attendra probablement à ce que vous respectiez un horaire, et cela inclut définitivement les heures de repas. C'est une race qui n'aura aucun problème à vous faire savoir que vous êtes en retard avec la nourriture. Si les friandises et les collations sont quelque chose que vous établissez comme normal dès le début, votre chien croira que les friandises font également partie de la routine et s'y attendra.

Allergies alimentaires et intolérance

Chaque fois que vous commencez à donner à votre chien un nouveau type de nourriture pour chien (même s'il s'agit de la même marque à laquelle votre chien est habitué, mais d'une saveur différente), vous devez le surveiller pendant qu'il s'y habitue. Les allergies alimentaires sont assez courantes, vous devrez donc être conscient des symptômes. Les allergies alimentaires chez les chiens ont tendance à se manifester sous forme de points chauds, qui sont similaires aux éruptions cutanées chez les humains. Votre chien peut commencer à se gratter ou à mâcher des endroits spécifiques sur son corps. Son poil pourrait commencer à tomber autour de ces endroits.

Certains chiens n'ont pas un seul point chaud, mais l'allergie apparaît sur tout leur pelage. Si votre Teckel semble perdre plus de poils que la normale, emmenez-le chez le vétérinaire pour qu'il soit examiné pour des allergies alimentaires.

Si vous donnez à votre chien quelque chose que son estomac ne peut pas supporter, il sera probablement évident lorsque votre chien sera incapable de retenir ses intestins. S'il est déjà propre, il va probablement soit haleter vers vous soit gémir pour vous faire savoir qu'il a besoin de sortir. N'ignorez aucune de ces supplications. Faites-le sortir aussi vite que possible pour qu'il n'ait pas d'accident. Des flatulences se produiront probablement plus souvent si votre Teckel a une intolérance alimentaire.

Comme les symptômes d'allergies et d'intolérances alimentaires peuvent être similaires à la réaction d'un chien à des carences nutritionnelles (en particulier un manque de graisses dans l'alimentation d'un chien), vous devriez consulter votre vétérinaire si vous remarquez des problèmes avec le pelage ou la peau de votre chien.

CHAPITRE 13
Affectueux et fidèle, votre compagnon adorera jouer

« Les Teckels prennent facilement du poids, donc l'exercice quotidien est indispensable. »

Kim Gillet
Cameo Dachshunds

Les Teckels sont des chiens incroyablement fidèles et affectueux, ce qui explique en grande partie leur popularité (sans oublier leur apparence adorable). Leur niveau d'énergie élevé signifie qu'il est essentiel pour vous d'avoir de nombreux jeux à disposition. Heureusement, leur taille implique qu'ils n'auront pas besoin de plusieurs heures d'exercice chaque jour.

Ils ne sont peut-être pas aussi clownesques que les Carlins ou les Bostons Terriers, mais ils sont plus intelligents, ce qui signifie que vous pouvez les impliquer dans des jeux plus complexes. Certains Teckels adorent faire des tours, d'autres préfèrent les jeux. La friandise peut être un bon moyen de motiver votre chien à apprendre des tours. La nourriture fonctionne étonnamment bien, mais il faut l'utiliser avec modération. Heureusement, les félicitations peuvent aussi être assez efficaces. Les Teckels adorent simplement être avec leurs maîtres, et leur donner l'occasion d'utiliser leur cerveau est presque toujours bien accueilli.

La plupart du temps, on conseille aux propriétaires de corriger certains comportements chez leurs chiens, mais ce n'est pas toujours nécessaire. Les Teckels ont de nombreux comportements potentiellement indésirables, comme la poursuite et le creusement. Au lieu de les dresser à ne pas faire ces choses, vous pouvez utiliser leurs instincts pour les divertir et vous amuser également.

Ce chapitre couvre les nombreux jeux et activités que vous et votre Teckel pouvez apprécier pour exploiter au mieux leurs forces et leurs capacités naturelles.

Crédit photo :
Gabrielle Lemos

Besoins d'exercice

Accueillir un Teckel chez vous signifie que vous vous engagez à lui faire faire de l'exercice quotidiennement, même lorsqu'il est encore chiot. Les chiens ne veulent pas mal se comporter, mais s'ils s'ennuient, les bêtises sont inévitables. Heureusement, leur taille rend l'exercice quotidien assez facile, donc lorsque vous laissez finalement votre chien seul à la maison, il est peu probable que vos meubles ou autres objets soient déchiquetés en votre absence.

Comme les problèmes de poids sont directement liés à un manque d'exercice, si votre chien prend du poids, cela pourrait indiquer qu'il ne bouge pas suffisamment. Heureusement, c'est facile à corriger. Vous avez de nombreuses options pour vous assurer que votre chien fait suffisamment d'exercice. Il est beaucoup plus facile (et plus sain) de faire plus d'activités avec votre chien que de simplement compter les calories.

Crédit photo : Sami Bain

Crédit photo :
Erin Green

Une large gamme d'activités accessibles

Leur apparence et leur personnalité curieuse font des Teckels une race populaire. Ils adorent explorer de nouveaux endroits. Néanmoins, plus vous ferez d'activités différentes avec votre chien, plus vous serez heureux tous les deux. N'oubliez pas d'emporter de l'eau avec vous et ne laissez pas votre chien avoir trop chaud.

Jeux en extérieur

Bien que vous deviez faire attention à leur dos, les Teckels sont des chiens assez robustes qui adorent courir et jouer dehors. Votre petit compagnon adorera se dépenser par beau temps. Des jeux comme le frisbee et le rapport d'objets sont des activités qui fatigueront votre chiot tout en utilisant très peu de votre propre énergie. Vous aurez besoin de disques et de balles qui n'abîment pas les dents de votre chien.

Agility

Mieux connue sous le nom de parcours d'obstacles, l'agility est un excellent moyen de garder votre chien adulte actif et heureux. Vous guidez votre chien à travers le parcours, ce qui aide non seulement à ren-

Crédit photo :
Meg Giger

forcer votre lien, mais donne aussi à votre chien l'occasion de se sentir plus à l'aise lorsqu'il est en dehors de la maison. Comme c'est vous qui êtes aux commandes, et que votre chien sera probablement confus au début, soyez prêt à avoir l'air un peu ridicule au départ. L'objectif est de s'amuser et de garder votre chien engagé, donc capter et maintenir son attention est la clé du succès.

Deux à trois heures par semaine sont recommandées, dont une heure pour un cours hebdomadaire. Plus vous pourrez vous entraîner à la maison, meilleur sera votre chien dans ce sport.

La poursuite

Étant donné que les Teckels ont été élevés pour chasser et capturer, c'est un jeu parfait pour votre petit chien athlétique en forme de tube. Débarrassez-vous de cette énergie supplémentaire tout en apprenant à votre chien ce qu'il est acceptable de poursuivre. Ce jeu nécessitera un peu de préparation, mais cela en vaut la peine.

Prenez une corde en nylon et attachez-la au jouet que vous prévoyez d'utiliser pour le jeu. Vous pouvez également chercher un jouet qui a déjà une corde pour éviter la partie préparation. Traînez le jouet derrière vous, un peu comme pour attirer l'attention d'un chat. Il ne faudra pas longtemps avant que votre chiot comprenne ce que vous essayez de faire et commence à vous poursuivre, vous et le jouet.

Lorsque votre Teckel attrape le jouet, arrêtez-vous et félicitez le petit pour un travail bien fait. Vous ne voulez pas que cela se transforme en jeu de tir à la corde, donc vous devriez vous arrêter quand votre Teckel attrape le jouet. Finalement, votre chien deviendra suffisamment habile pour que vous puissiez faire tourner le jouet autour de vous pendant que vous êtes assis (en faisant très attention à ne pas frapper votre chien ou quelqu'un d'autre) et laisser votre Teckel courir après. Il ne se lassera pas de courir en cercles jusqu'à ce que vous arrêtiez.

Si vous jouez à l'intérieur, assurez-vous qu'il n'y a rien contre quoi votre chien pourrait se cogner pour éviter qu'il ne se blesse.

Le creusement

Convaincre un Teckel de ne pas creuser, c'est comme essayer d'empêcher un Retriever de courir après une balle : c'est pratiquement impossible. Au lieu d'essayer de combattre quelque chose que votre chien fera probablement s'il est laissé quelques secondes seul dans le jardin, vous pouvez créer un espace juste pour lui où il pourra suivre ses instincts de creusement. Vous pouvez ajouter du sable ou de la paille dans une zone éloignée des clôtures ou des bordures de votre maison et laisser votre chien faire ce qu'il aime faire.

Pour encourager votre chien à jouer uniquement à cet endroit, vous pouvez enterrer des jouets, puis le regarder les trouver. Ce sera à la fois stimulant mentalement et physiquement fatigant, donc vous pourrez terminer le jeu par une séance de caresses sur le ventre et un peu de calme.

S'il pleut ou qu'il fait froid, vous pouvez toujours installer une petite montagne de coussins à l'intérieur et y cacher le jouet. Votre chien s'amusera énormément, et vous passerez probablement un excellent moment à rire de son enthousiasme à trouver ce jouet.

Le rapport d'objets

Les Teckels sont très enthousiastes à l'idée de poursuivre quelque chose que vous lancez, surtout quand ils voient votre excitation lorsqu'ils reviennent avec. L'interaction est amusante et courir après la balle est parfait pour fatiguer votre chien. Les Teckels sont également enclins à chasser et à vous rapporter des objets car ils sont des chasseurs par nature.

Vous voudrez peut-être réserver le jeu de rapport aux activités extérieures, surtout si vous avez des enfants, afin que les objets de votre maison ne soient pas cassés. Si c'est le cas, ne cédez jamais en autorisant le rapport d'objet un jour de pluie, car cela apprendra à votre Teckel que vous pouvez céder facilement.

Du jeu, et encore du jeu !

« Les Teckels n'ont pas besoin de beaucoup d'exercice pour être heureux, mais ils en ont besoin pour maintenir leur poids. Jouer au rapport d'objet et les promener sont d'excellentes façons de les divertir et de les garder en forme. »

Elizabeth Bender
BenderDachs

Ce n'est pas parce qu'il y a des intempéries que le niveau d'énergie de votre chien sera plus bas, ou que l'ennui ne s'installera pas. Vous devrez donc prévoir de maintenir le programme d'exercice de votre chien, même lorsque vous êtes coincé à l'intérieur de la maison. Bien sûr, si vous pouvez laisser votre chien jouer dans la neige dans un jardin, ce sera fantastique car il pourra se fatiguer dans son excitation. Pendant la pluie et la chaleur, vous devez trouver les bonnes activités pour fatiguer votre canidé sans sortir pendant de longues périodes. Voici quelques alternatives pour aider à dépenser l'énergie de votre Teckel.

1. Si vous ne voulez pas utiliser un jouet pour la poursuite, vous pourriez essayer de faire courir votre Teckel après un pointeur laser. Cela peut fonctionner ou non, car votre Teckel peut réaliser qu'il ne peut pas l'attraper. S'il ne semble pas s'en soucier, c'est un excellent moyen de se débarrasser de cette énergie les jours de pluie ou de froid.

2. Le cache-cache est un jeu auquel vous pouvez jouer une fois que votre chien connaît les règles de bonne conduite à la maison, qu'il vous cherche ou qu'il cherche un de ses jouets préférés que vous avez caché.

3. Les jouets d'intelligence sont un excellent moyen de faire bouger votre chien sans que vous ayez grand-chose à faire. De nombreux jeux sont accompagnés de friandises, et connaissant les Teckels, il ne faudra pas longtemps avant que votre chien ne découvre comment sortir la nourriture du jouet. Assurez-vous donc de faire tourner différents puzzles au moment du jeu. Utilisez ce type de jouets avec parcimonie pour éviter d'accumuler des calories supplémentaires dues aux récompenses.

4. La chasse aux friandises est une activité que vous pouvez facilement faire à l'intérieur et qui sera très excitante pour votre chien. Avec les Teckels, vous pouvez jouer à un jeu qui se concentre sur la chasse et la collecte, puisque c'est ce pour quoi ils ont été élevés : chasser le gibier et le ramener à la maison. Votre chien aura le temps de faire quelque chose pour se débarrasser de l'énergie tout en stimulant son petit cerveau intelligent. Montrez simplement à votre chien que vous avez une friandise, puis laissez-le vous regarder la cacher. Bien sûr, il la trouvera rapidement et vous devriez le couvrir d'éloges pour cela. Après quelques fois, demandez à quelqu'un de distraire votre chiot pendant que vous cachez la friandise que vous venez de lui montrer. Cela aide votre Teckel à comprendre le but du jeu, et cela deviendra probablement un de ses favoris. Comme vous devez faire attention à la nourriture, vous pouvez remplacer la friandise par quelque chose comme une vieille chaussette ou une chaussure, quelque chose qui aura une odeur forte mais que vous ne craindrez pas de voir un peu mâchouillé pendant le jeu. Vous pouvez même apprendre à votre Teckel ce qu'est l'objet en disant toujours son nom lorsque vous le lui présentez pour qu'il le renifle.

Crédit photo :
Angela Gaines

CHAPITRE 14

Le toilettage, un moment de compli-cité productif

« Les Teckels à poil long comme ceux à poil ras perdent leurs poils. Les Teckels à poil dur, comme les autres races à poil dur, ne perdent pas leurs poils. L'entretien d'un Teckel à poil ras est facile, avec des bains réguliers et un brossage pour éliminer les poils courts et raides avant qu'ils ne tombent. L'utilisation d'une brosse «slicker» sur un Teckel à poil long permettra d'éliminer le sous-poil et les pellicules, réduisant ainsi considérablement la perte de poils. Le bain et l'application d'un après-shampooing léger maintiendront leur pelage brillant. »

Elizabeth Bender
BenderDachs

En matière de toilettage, rien n'est plus simple que le Teckel, selon le type de poil qu'il possède. Vous n'aurez pas besoin de faire appel à un toiletteur professionnel pour le pelage de votre Teckel, sauf si vous avez un chien à poil long et que vous souhaitez lui donner un style particulier. Le Teckel classique à poil ras possède l'un des pelages les plus faciles à entretenir dans le monde canin. Les poils durs se situent quelque part entre les deux, mais restent faciles à gérer.

Sachez toutefois que les Teckels n'apprécient généralement pas le toilettage. Si vous parvenez à convaincre votre chiot d'y prendre plaisir, vous n'aurez pas à vous battre autant lorsqu'il deviendra adulte. Quand il sera plus âgé, ce sera probablement beaucoup plus facile car il appréciera cette attention supplémentaire.

Faire couper les griffes de votre Teckel sera probablement aussi difficile. Étant donné qu'ils ont généralement un pelage foncé à noir sur leurs pattes, et compte tenu de la petite taille de celles-ci, vous devriez commencer par emmener votre chiot chez un professionnel, au moins jusqu'à ce que vous appreniez à couper ses griffes.

Ce chapitre fournit les bases pour s'assurer que le pelage de votre Teckel reste propre et sain, mais n'hésitez pas à chercher en ligne et ailleurs des méthodes supplémentaires pour faire vraiment briller le pelage de votre chien si vous avez le temps de lui prodiguer des soins supplémentaires.

Outils de toilettage

Vous n'avez pas besoin de beaucoup d'outils pour toiletter correctement votre Teckel. Assurez-vous d'avoir les articles suivants à portée de main avant l'arrivée de votre chiot ou de votre chien adulte :

- Vous devrez adapter le type de brosse au type de poil de votre Teckel :
  - Pour les Teckels à poil ras, une brosse à poils souples est idéale.
  - Pour les Teckels à poil long, une brosse slicker fonctionne bien, puis complétez avec une brosse à poils après avoir terminé le premier brossage. C'est plus long de prendre soin du pelage de votre chien à poil long, car le poil a tendance à s'emmêler, particulièrement autour des oreilles.
  - Pour les Teckels à poil dur, une brosse à poils métalliques courts est préférable.

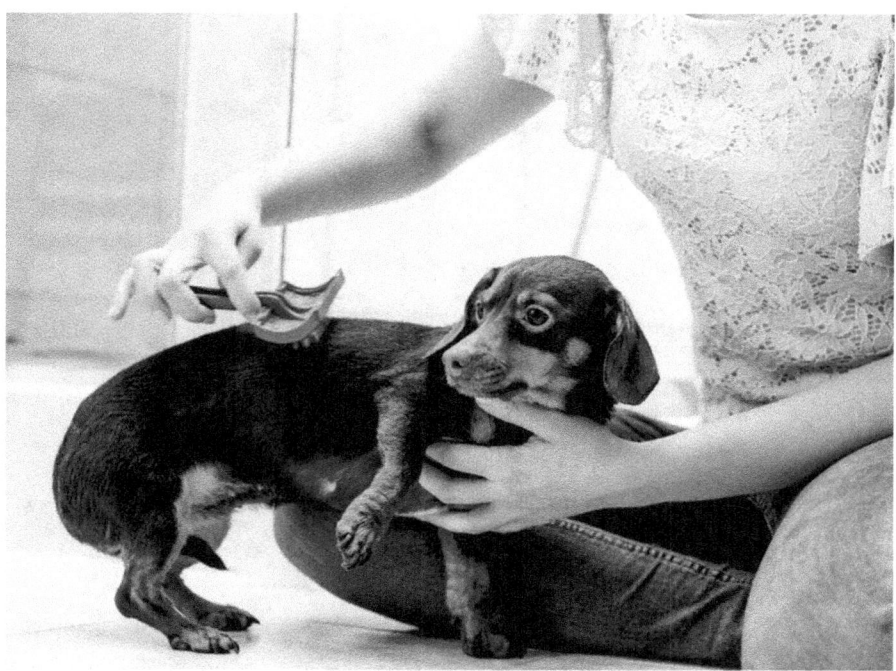

- Pour tout type de pelage, vous pouvez également vous procurer une brosse en caoutchouc ou un gant de toilettage pour rendre l'expérience plus semblable à une caresse. Si vous avez une race à poil dur, vous voudrez vous assurer d'utiliser la brosse recommandée pendant le printemps et l'automne, lorsque les races à poil plus long ont tendance à perdre davantage leurs poils.

- Shampooing (Shampooing (consultez Pawster et Breedsy pour les dernières recommandations concernant une race susceptible de développer des problèmes cutanés). Utilisez un shampooing doux spécifiquement conçu pour les chiens.

- Coupe-griffes

- Brosse à dents et dentifrice (consultez la Société Centrale Canine pour les dernières recommandations). Utilisez un dentifrice spécialement conçu pour les chiens.

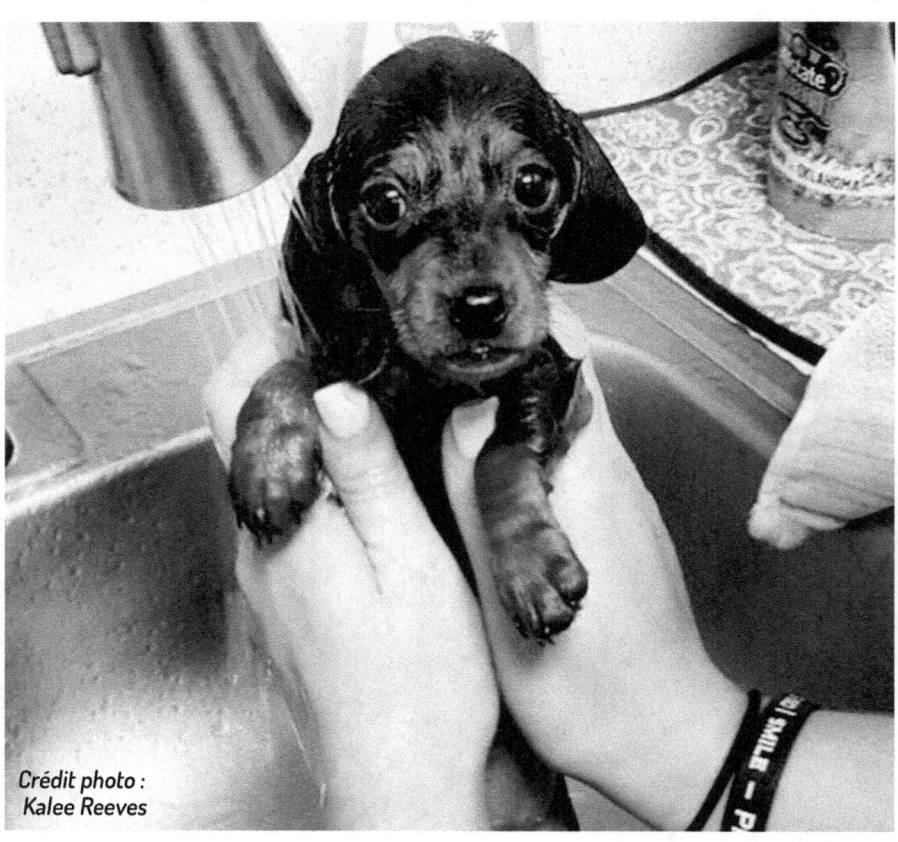

Crédit photo :
Kalee Reeves

Crédit photo :
Tamara Hanson

Gestion du pelage

Bien que les Teckels perdent leurs poils, ils sont considérés comme des chiens qui les perdent modérément. Il existe quelques variations selon le type de pelage, mais compte tenu de leur taille, vous n'aurez pas d'énormes quantités de poils partout comme ce serait le cas avec certains chiens plus grands.

Si vous souffrez d'allergies, les Teckels perdent suffisamment de poils pour potentiellement déclencher ces allergies.

Chiots

Quel que soit le type de poil de votre Teckel, le toilettage d'un chiot est assez universel, et leur pelage est relativement facile à gérer, même s'il est un peu difficile de les empêcher de gigoter. Un brossage quotidien peut non seulement réduire la perte de poils de votre chiot, mais il vous aide également à créer un lien avec le chien. Oui, ce sera un peu difficile au début car les chiots ne restent pas immobiles pendant de longues périodes. Il y aura beaucoup de gigotements et de tentatives de jeu. Essayer d'expliquer à votre chiot que la brosse n'est pas un jouet ne fonctionnera évidemment pas, alors préparez-vous à être patient pendant chaque séance de brossage.

D'un autre côté, votre chiot sera si adorable que vous ne vous soucierez probablement pas que le toilettage prenne un peu plus de temps. Assurez-vous simplement de faire comprendre à votre chiot qu'il s'agit d'un effort sérieux et que le jeu vient après le toilettage. Sinon, votre Teckel essaiera toujours de jouer, ce qui rendra le brossage plus long. Prévoyez de brosser votre chiot après une séance d'exercice vigoureuse afin que votre Teckel ait beaucoup moins d'énergie.

Chiens adultes

Vous aurez un régime de toilettage différent selon le pelage de votre Teckel. Si vous avez un Teckel à poil long, le toilettage est quotidien, tandis que les deux autres types de pelage nécessitent un brossage moins fréquent.

Quel que soit le type de Teckel que vous avez, assurez-vous de ne pas le baigner trop souvent. L'une des raisons pour lesquelles les Teckels ne se salissent pas autant que vous pourriez vous y attendre (étant donné leur proximité avec le sol) est qu'ils produisent une graisse spéciale qui les protège. C'était nécessaire compte tenu des éléments auxquels ils étaient habitués lorsqu'ils étaient utilisés pour la chasse. Si vous baignez votre chien trop souvent, cela réduira cette graisse spéciale, ce qui le rendra plus vulnérable aux éléments.

Si vous avez adopté un Teckel adulte, il faudra peut-être un certain temps pour habituer le chien à être brossé fréquemment. Si vous n'arrivez pas à mettre votre chien à l'aise avec le brossage au début, vous pouvez l'intégrer à votre emploi du temps, comme l'éducation.

Poil ras

Le plus facile des trois pelages à entretenir, votre Teckel à poil ras n'aura besoin d'être brossé qu'une fois par semaine environ. Pendant le printemps et l'automne, vous voudrez peut-être le brosser deux fois par semaine car il perdra plus souvent ses poils, même si ce ne sera pas nécessairement perceptible puisque ses poils sont courts.

Poil long

Les poils longs sont les plus difficiles à entretenir, et un brossage quotidien est pratiquement essentiel pour éviter que les nœuds ne deviennent incontrôlables. Les brossages quotidiens n'ont pas besoin d'être longs, juste suffisants pour s'assurer qu'il n'y a pas de nœuds en formation, car ceux-ci peuvent rapidement devenir des amas dans le pelage de votre chien. Utilisez la brosse slicker pour le brossage quotidien.

Commencez par la tête de votre chien et descendez le long de son corps pour vous assurer d'éliminer tous les nœuds.

Une fois par semaine, vous devrez effectuer une séance de toilettage plus longue. Cela nécessitera un second brossage avec la brosse à poils une fois que vous aurez terminé d'utiliser la brosse slicker. Pendant ce second passage, recherchez les nœuds et soyez prudent dans la façon dont vous les démêlez, car vous ne voulez pas blesser votre Teckel.

Vous devrez également couper certains poils chaque semaine. Cela nécessitera probablement une deuxième personne, car votre Teckel pourrait ne pas vouloir rester immobile pour une coupe de cheveux. Cependant, garder les poils autour de ses pattes, de ses oreilles et de son ventre coupés évitera que ces zones ne s'emmêlent et ne s'agglutinent.

Obtenir le résultat parfait peut être délicat avec les chiens à poil long. Si vous pensez que cela peut vous aider, vous pouvez vous rendre chez un toiletteur professionnel quelques fois pour voir comment se fait le brossage et la taille plus détaillés. Posez des questions afin de pouvoir prendre le relais après quelques semaines, vous n'aurez pas à continuer à aller chez le toiletteur, mais quelques visites peuvent être très bénéfiques pour vous et votre chien.

Poil dur

Le Teckel à poil dur perd moins de poils que les deux autres races et nécessite un brossage une fois toutes les deux semaines (deux fois par mois suffisent). Vous voudrez peut-être brosser votre petit compagnon plus souvent au printemps et à l'automne, lorsqu'il a tendance à perdre davantage ses poils.

La raison pour laquelle le pelage de ce Teckel est dur est qu'il possède une sous-couche douce. Pendant le printemps et l'automne, cette couche devra être épilée pour éliminer l'excès de mue. Après un brossage régulier, utilisez un peigne d'épilation pour éliminer la mue excessive de la seconde couche.

Chiens seniors

Vous pouvez brosser votre chien senior plus souvent si vous le souhaitez, car l'affection supplémentaire et le temps passé avec vous seront probablement les bienvenus. Après tout, il ralentit, et se détendre simplement avec vous sera agréable (et votre chaleur fera beaucoup de bien à son corps vieillissant). Les séances de toilettage sont un bon moment pour vérifier s'il y a des problèmes tout en offrant à votre vieux compagnon un massage agréable pour soulager toute douleur, ainsi qu'une excellente façon de passer du temps ensemble. Pendant que vous brossez votre chien, recherchez tout changement sur la peau, comme des bosses ou des amas graisseux. Ces éléments devront peut-être être mentionnés au vétérinaire lors d'une visite régulière si les bosses ou les amas sont très grands.

Allergies

Si votre Teckel souffre de points chauds ou si vous remarquez que son pelage s'éclaircit pendant les séances de toilettage, surveillez ces autres problèmes, qui pourraient être un signe d'allergies :

- Les plaies mettent plus de temps à guérir
- Système immunitaire affaibli
- Douleurs articulaires
- Chute de poils
- Infections des oreilles

Un brossage régulier vous permet d'être plus conscient de l'état du pelage de votre Teckel, ce qui peut vous aider à identifier plus rapidement quand votre petit chéri souffre d'allergies. Si vous remarquez ces problèmes, emmenez votre Teckel chez le vétérinaire.

L'heure du bain

Quelle que soit la longueur de son pelage, votre Teckel n'aura besoin d'un bain qu'environ une fois par trimestre (une fois tous les trois mois), à moins qu'il ne se salisse vraiment. Évitez de le laver trop souvent car son pelage a besoin des huiles naturelles qui gardent sa fourrure brillante et saine.

Bien sûr, si votre Teckel se salit (ce qui peut arriver chaque fois que vous partez explorer ou faire de la randonnée), vous devrez prendre le temps de baigner votre compagnon après chacune de ces sorties. Assurez-vous que l'eau n'est ni trop froide ni trop chaude, mais agréablement tiède. Veillez à ne pas mouiller sa tête. Le lavage du visage de votre chien est abordé dans la section suivante.

Vous pouvez utiliser ces pratiques avec d'autres types de bain, comme à l'extérieur ou dans une installation de lavage publique, en les adaptant aux outils dont vous disposez.

Les premières fois que vous baignez votre chien, faites attention aux choses qui le dérangent ou l'effraient. S'il a peur de l'eau courante, assurez-vous de ne pas faire couler l'eau lorsque votre chien est dans la baignoire. S'il bouge beaucoup lorsque vous commencez à appliquer le shampooing, cela pourrait indiquer que l'odeur est trop forte. Vous devez modifier le processus pour le rendre aussi confortable que possible pour votre chien.

Gardez à l'esprit que vous devez être patient et calme pendant le bain. Si vous vous énervez ou si vous déchargez votre frustration sur votre chien, cela rendra tous les bains futurs d'autant plus difficiles car votre chien commencera à perdre confiance en vous. Il ne s'agit pas d'une lutte pour la domination, mais d'un véritable manque de compréhension quant à la raison pour laquelle vous torturez votre chien alors qu'il fait déjà tant pour se nettoyer lui-même (de son point de vue). Gardez un ton calme et aimant pendant que vous lavez votre chien pour faciliter un peu les choses la prochaine fois. Bien sûr, votre Teckel peut gémir, faire une crise ou gigoter excessivement, mais mieux vous le prendrez, plus le chien apprendra que le bain fait simplement partie de la vie en meute.

Si vous avez un Teckel à poil long, certains passionnés de Teckels recommandent d'utiliser un sèche-cheveux pour accélérer le processus de séchage. Utilisez le réglage le plus bas pour cela, et brossez le pelage comme vous le feriez normalement pendant que vous séchez les longs poils de votre chien. Assurez-vous de ne pas laisser la chaleur au même endroit trop longtemps pour éviter de dessécher la peau de votre chien.

Nettoyage des yeux et des oreilles

Utilisez un gant de toilette pour laver le visage et les oreilles de votre chien. Lorsque vous baignez votre Teckel, veillez à ne pas faire entrer d'eau dans ses oreilles. Vous devriez également prendre l'habitude de vérifier ses oreilles une fois par semaine pour vous assurer qu'elles sont en bonne santé. Il peut avoir des allergies qui font rougir l'intérieur de ses oreilles. Un tampon chaud et humide peut être utilisé sur la partie superficielle de l'oreille. Si la rougeur ne s'améliore pas en une journée, prenez rendez-vous chez le vétérinaire. Si vous voyez une accumulation de cérumen, vous pouvez l'essuyer très délicatement. Ne mettez jamais rien dans les oreilles de votre chien.

Les Teckels ont plusieurs affections oculaires génétiques (chapitre 16), alors prenez le temps de toujours vérifier les yeux de votre chien pendant que vous le toilettez. Les cataractes sont un problème assez courant chez tous les chiens à mesure qu'ils vieillissent. Si vous voyez des yeux troubles, faites examiner votre Teckel. S'il développe des cataractes, vous devrez peut-être l'emmener pour les faire enlever, car les cataractes peuvent conduire à la cécité.

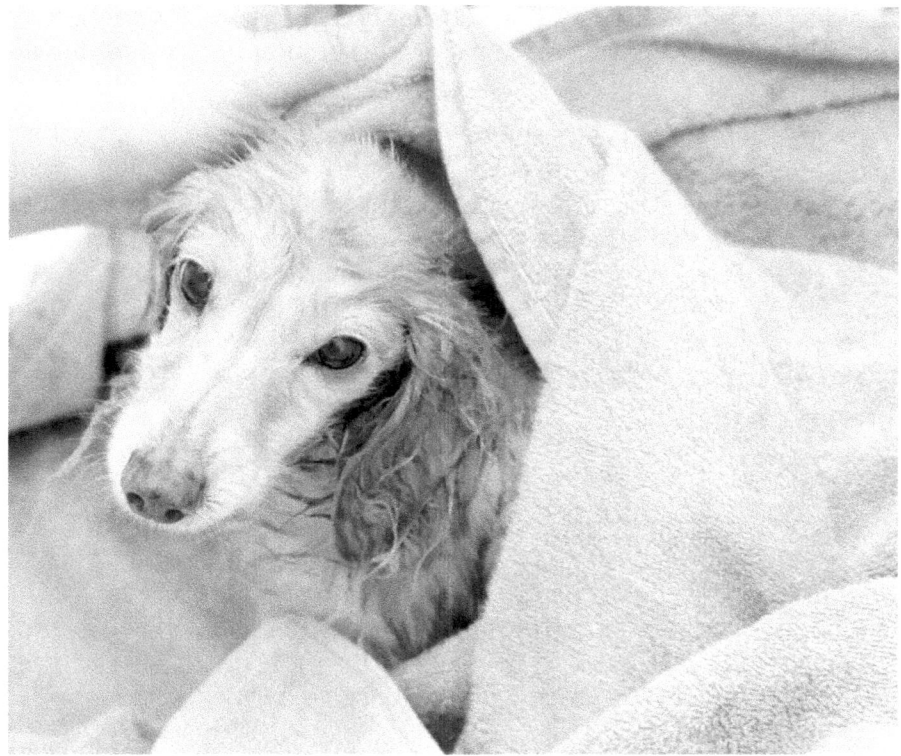

Couper les griffes

Couper les griffes d'un Teckel peut être difficile car certains ont des griffes noires et il peut être difficile de déterminer quelle longueur couper, ce qui signifie que vous risquez d'en couper trop et de faire saigner la partie vive. Il est préférable de faire couper les griffes de votre chien par un expert jusqu'à ce que vous puissiez voir comment cela se fait. Si vous n'avez jamais coupé les griffes d'un chien auparavant, vous devez apprendre auprès d'un professionnel car les griffes peuvent beaucoup saigner si c'est mal fait. Comme il peut être difficile de savoir jusqu'où aller en coupant les griffes d'un Teckel, vous devez apprendre d'un expert avant d'essayer vous-même. Si vous savez déjà comment couper les griffes d'un chien, assurez-vous d'avoir de la poudre hémostatique à proximité au cas où vous couperiez trop de griffe.

Si vous voulez le faire vous-même, il existe des limes à griffes qui peuvent vous aider à garder les griffes courtes sans vous soucier de les couper jusqu'à la partie vive. Cependant, si vous les utilisez, vous devrez vous assurer de ne pas trop limer la griffe. Demandez l'aide d'un professionnel avant d'essayer pour vous assurer de savoir comment utiliser la lime, garder votre chien calme et vous assurer que cela est fait en toute sécurité.

Pour savoir quand votre chiot a besoin de se faire couper les griffes, faites attention lorsque votre chien marche sur des surfaces dures pour vous assurer que ses griffes ne cliquettent pas. Si c'est le cas, vous devriez augmenter la fréquence à laquelle vous faites couper les griffes de votre chien. En règle générale, une fois par mois est recommandé.

Santé bucco-dentaire et brossage des dents de votre chien

« J'éduque les nouveaux propriétaires sur l'importance d'habituer leur chiot à avoir vos doigts dans leur gueule et au goût d'un bon dentifrice pour animaux. Au moins deux fois par semaine, frottez du dentifrice sur leurs dents. Les gens ont tendance à oublier la bouche, mais des problèmes de santé peuvent survenir si les bouches ne sont pas correctement entretenues par des mesures préventives si faciles à réaliser à la maison. »

Kim Gillet
Cameo Dachshunds

Les Teckels ont besoin d'un brossage quotidien des dents pour réduire les problèmes dentaires, car ils ont tendance à avoir des problèmes avec leurs dents et leurs gencives. Vous voudrez probablement apprendre à le faire vous-même plutôt que de devoir vous rendre dans une boutique une fois par semaine. C'est également agréable de savoir comment brosser les dents de votre chien si son haleine sent mauvais ou s'il mange quelque chose qui sent fort.

Encore une fois, vous devez apprendre à être patient et éviter que cela ne devienne une bataille rangée avec votre chien. C'est un peu étrange, et votre Teckel pourrait ne pas être très heureux que quelqu'un mette des choses dans sa bouche. Cependant, une fois qu'il y sera habitué, la tâche ne prendra probablement que quelques minutes par jour.

Utilisez toujours un dentifrice conçu pour les chiens. Le dentifrice humain peut être toxique pour les chiens. Le goût du dentifrice pour chien facilitera également le brossage des dents de votre chien, ou du

Crédit photo :
Meg Giger

moins ce sera amusant de le voir essayer de le manger. Pour commencer à brosser les dents de votre chiot :

Une fois que votre chien semble à l'aise avec le brossage de ses dents avec votre doigt, essayez les mêmes étapes avec une brosse à dents canine. Cela peut être un rituel similaire au début, mais cela ne devrait pas prendre autant de temps pour qu'il accepte la brosse à dents. Cela pourrait prendre quelques semaines avant que vous puissiez passer à une brosse à dents.

CHAPITRE 15
Santé générale

En raison de leur petite taille, vous devez être très vigilant concernant les facteurs environnementaux auxquels votre Teckel est exposé quotidiennement. Il adorera sortir dans de nouveaux endroits et faire des randonnées en forêt, c'est pour cela qu'il a été élevé. Vous ne voulez pas le priver des choses qu'il aime ; cependant, vous devez vous assurer que vos excursions n'exacerbent pas les allergies environnementales que votre chien pourrait avoir, et vous devrez le surveiller pour détecter d'éventuels parasites. Par exemple, si vous vivez près d'une zone boisée, votre chien court un risque plus élevé d'être infesté par des tiques qu'un chien vivant en ville. Parlez à votre vétérinaire des risques environnementaux particuliers pour votre chien.

Crédit photo :
Jen Cherry

Le rôle de votre vétérinaire

Des mises à jour des vaccins annuels aux bilans de santé, les visites régulières chez le vétérinaire garantiront la bonne santé de votre Teckel. Si il semble léthargique ou moins enthousiaste que d'habitude, cela pourrait indiquer qu'il y a un problème. Heureusement, la personnalité extravertie de cette race permet généralement de détecter facilement quand un chien ne se sent pas bien. Les visites annuelles chez le vétérinaire permettront de s'assurer qu'il n'y a pas de problème qui épuise progressivement l'énergie ou la santé de votre chien.

Les bilans de santé permettent également de s'assurer que votre Teckel vieillit bien. Si des symptômes précoces d'un problème potentiel apparaissent au fil des années (comme l'arthrite), un diagnostic précoce vous permettra de commencer à faire des ajustements rapidement. Le vétérinaire peut vous aider à trouver des moyens de gérer la douleur et les problèmes liés au vieillissement et pourra vous recommander des ajustements à l'emploi du temps pour s'adapter au corps vieillissant de votre chien et à ses capacités diminuées. Cela vous permettra de continuer à vous amuser ensemble sans blesser votre chien.

Les vétérinaires peuvent fournir des traitements et/ou des médicaments préventifs contre les différents parasites et menaces microscopiques que votre chien peut rencontrer lorsqu'il est à l'extérieur, lors d'interactions avec d'autres chiens ou par exposition à des animaux extérieurs à votre foyer.

Allergies

Les Teckels ne sont pas connus pour avoir des allergies, mais certains d'entre eux ont des réactions allergiques à leur environnement (pas seulement à la nourriture). Ils n'ont généralement pas le même type de réaction que les humains. Au lieu d'éternuements, de toux et de nez qui coule, les allergies se manifestent souvent par des irritations cutanées. C'est plus facile à repérer sur un Teckel à poil ras que sur les deux autres types, car vous verrez probablement l'irritation, et il sera certainement facile de voir si votre chien a mâchouillé une zone de son corps plus souvent que d'autres.

Le nom scientifique des allergies environnementales est la dermatite atopique, mais il est plus difficile de déterminer si le problème vient de l'environnement ou de la nourriture que vous donnez à votre chien. Les symptômes tendent à être similaires chez les chiens pour les deux types d'allergies :

- Démangeaisons/grattements, particulièrement autour du visage
- Points chauds (zones d'inflammation)
- Infections des oreilles
- Infections cutanées
- Yeux et nez qui coulent (moins fréquent)

Le toilettage de votre chien est un excellent moment pour prêter attention à bon nombre de ces problèmes potentiels.

Les chiens développent souvent des allergies entre l'âge de 1 et 5 ans. Une fois qu'ils développent une allergie, les canidés ne s'en débarrassent pas avec l'âge. Généralement, les allergies canines sont liées à l'exposition cutanée, mais certains chiens peuvent être allergiques à l'inhalation de particules microscopiques, comme la poussière, les moisissures et les pollens.

Puisque les symptômes sont les mêmes pour les allergies alimentaires et environnementales, vous devrez consulter votre vétérinaire pour déterminer la cause. Si votre chien a une allergie alimentaire, il vous suffit de changer la nourriture que vous lui donnez. S'il a une allergie environnementale, il aura besoin de médicaments, tout comme les humains. Pour cette raison, vous voudrez savoir si le problème provient de quelque chose de saisonnier (comme le pollen) ou de quelque chose de permanent afin de savoir quand traiter votre chien.

Comme pour nous, il est irréaliste de vouloir éliminer complètement le problème : il y a une limite à ce que vous pouvez changer dans l'environnement de votre chien . Il existe plusieurs types de médicaments qui peuvent aider votre chien à devenir moins sensible aux allergènes.

- **Antibactériens/Antifongique**s : Shampooings, comprimés et crèmes : ils ne traitent généralement pas l'allergie mais les problèmes sous-jacents qui accompagnent les allergies, comme les infections bactériennes et les mycoses.

- **Antihistaminiques** : ce sont des médicaments oraux en vente libre comparables aux médicaments contre les allergies pour les personnes. Vous devrez être prudent si vous utilisez ces médicaments, en surveillant votre chien pour voir s'il présente des effets indésirables. Ne commencez pas à donner un médicament à votre chien sans consulter d'abord le vétérinaire. Si votre chien a une mauvaise réaction, comme de la léthargie, de la diarrhée ou une déshydratation, vous devriez consulter votre vétérinaire.

- **Immunothérapie** : une série d'injections peut aider à réduire la sensibilité de votre chien à ce à quoi il est allergique. C'est quelque chose que vous pouvez faire à la maison, vous n'aurez donc pas besoin d'emmener votre chien chez le vétérinaire pour terminer la série. Apprenez comment faire les injections auprès de votre vétérinaire, puis vous pourrez découvrir comment administrer les injections pour les problèmes environnementaux dans votre région. Les scientifiques développent également une version orale du médicament pour faciliter les soins de votre chien.

- **Thérapie topique** : ce médicament est généralement un type de shampooing et de revitalisant qui éliminera tous les allergènes du pelage de votre chien. Donner à votre chien un bain tiède (pas chaud) peut également aider à soulager les démangeaisons.

Discutez avec votre vétérinaire des médicaments disponibles pour votre chien afin de déterminer le meilleur traitement pour votre situation et les besoins de votre Teckel.

Allergies par inhalation et environnementales

Les allergies par inhalation sont causées par des éléments comme la poussière, le pollen, les moisissures et même les squames de chien. Votre chien pourrait se gratter à un point chaud particulier ou il pourrait commencer à se frotter les yeux et les oreilles. Certains chiens ont le nez qui coule et éternuent abondamment, mais c'est généralement en plus des démangeaisons.

Allergies de contact

Les allergies de contact signifient que votre chien a touché quelque chose qui déclenche une réaction allergique. Des choses comme la laine, les produits chimiques dans un traitement antipuces et certaines herbes peuvent provoquer une irritation de la peau du chien, voire une décoloration. Si elle n'est pas traitée, la réaction allergique peut provoquer de fortes odeurs dans la zone affectée et entraîner une perte de poils.

Comme les allergies alimentaires, les allergies de contact sont faciles à traiter car une fois que vous savez ce qui irrite la peau de votre chien, vous pouvez éliminer le problème.

Crédit photo :
Anna Tolley

Puces et tiques

Les Teckels ont tendance à aimer être dehors (sauf quand le temps ne leur convient pas), vous devrez donc être très vigilant concernant les puces et les tiques. Même dans votre jardin, les puces sont un problème presque toute l'année. Aucun des deux parasites n'est facile à voir en raison de la couleur plus foncée que la plupart des Teckels ont tendance à avoir. Vous ne pouvez pas vous permettre de relâcher le traitement anti-puces et tiques, même en hiver.

Prenez l'habitude de vérifier la présence de tiques après chaque sortie dans les bois, ou près d'herbes hautes ou de plantes sauvages. Peignez le pelage de votre chien et vérifiez sa peau pour détecter toute irritation et parasites. Comme vous le ferez souvent, vous devriez être en mesure de remarquer quand il y a un changement, comme une nouvelle bosse, par exemple. Puisque votre chien sera très heureux de passer du temps avec vous, la vérification de la peau ne devrait pas prendre longtemps.

Les puces sont problématiques car elles sont beaucoup plus mobiles que les tiques. La meilleure façon de rechercher des puces est d'en faire une partie régulière de vos séances de brossage. Il existe un peigne à puces que vous pouvez utiliser. Si vous voyez des points noirs sur le peigne après avoir brossé le pelage de votre chien, cela pourrait être un signe de puces. Au lieu d'utiliser un peigne, vous pouvez mettre votre chien sur une serviette blanche et passer votre main sur le pelage. Les puces et leurs excréments sont susceptibles de tomber sur la serviette. Les puces se voient souvent sur le ventre, vous pourriez donc les remarquer lorsque votre chiot veut qu'on lui gratte le ventre. Vous pouvez également rechercher des indicateurs comportementaux, tels que des démangeaisons et des léchages incessants. Vous devrez utiliser des produits préventifs contre les puces régulièrement une fois que votre chiot aura atteint l'âge approprié.

En plus d'être gênants, les deux peuvent transporter des parasites et des maladies qui peuvent être transmis à vous et à votre chien. Les tiques sont connues pour être porteuses de la maladie de Lyme, qui peut être débilitante ou mortelle si elle n'est pas traitée. Les symptômes de la maladie de Lyme comprennent des maux de tête, de la fièvre et de la fatigue. La morsure elle-même présente souvent un cercle rouge autour qui peut s'agrandir. Comme votre chien commencera probablement à agir de façon léthargique après que vous ayez trouvé une tique attachée à sa peau, assurez-vous de rechercher l'éruption circulaire, et si vous en voyez une ou n'êtes pas sûr, allez chez le vétérinaire pour la faire vérifier.

Si la tique ne s'est pas accrochée, vous pouvez simplement l'enlever. Si une tique ne s'est pas accrochée, alors elle n'a pas mordu votre chien. Les tiques tomberont de votre chien une fois qu'elles seront pleines, donc si vous trouvez une tique sur votre chien, elle cherchera soit à s'accrocher à votre chien, soit elle sera en train de se nourrir. Suivez les étapes suivantes pour retirer la tique si elle s'est accrochée à votre chien.

1. Appliquez de l'alcool à friction sur la zone où se trouve la tique.

2. Utilisez une pince à épiler pour retirer la tique de votre chien. N'utilisez pas vos doigts car les infections se transmettent par le sang, et vous ne voulez pas qu'elle s'accroche à vous.

3. Examinez l'endroit où se trouvait la tique pour vous assurer qu'elle est complètement retirée. Parfois, la tête reste, vous devrez donc vous assurer que toute la tique est partie.

4. Prenez rendez-vous avec le vétérinaire pour la faire vérifier.

La FDA (l'équivalent américain de l'ANSES) a émis un avertissement concernant certains traitements vendus en magasin. Que vous envisagiez d'acheter des traitements qui doivent être appliqués mensuellement ou un collier pour une protection constante, vous devez vérifier si le traitement contient de l'isoxazoline (incluse dans Bravecto, Nexgard, Credelio et Simparica) car cet ingrédient peut avoir un effet indésirable sur certains animaux. Bien que d'autres ingrédients soient sans danger pour les animaux lorsqu'ils sont utilisés aux doses appropriées, si vous utilisez un produit destiné à un chien plus grand, il peut être toxique pour votre chien. Consultez votre vétérinaire au sujet des traitements recommandés pour vous assurer d'obtenir la bonne dose de répulsif contre les puces et les tiques adaptée à la taille et aux besoins de votre chien. Lorsque vous commencez à appliquer le traitement, surveillez votre chien pour les problèmes suivants :

- Diarrhée/vomissements

- Tremblements

- Léthargie

- Convulsions

Emmenez votre chien chez le vétérinaire si vous remarquez l'un de ces problèmes.

N'utilisez jamais un produit conçu pour un chien sur un chat ou vice versa. Si votre chien est malade, enceinte ou allaite, vous devrez peut-être chercher un traitement alternatif. Les colliers antipuces ne sont généralement pas recommandés car ils sont connus pour causer des problèmes chez les animaux et les personnes. Si vous avez un chat ou de jeunes enfants, vous devriez choisir l'une des autres options pour éloigner les puces et les tiques de votre chien. C'est parce que les colliers antipuces contiennent un ingrédient qui est mortel pour les félins et qui pourrait être cancérigène pour les humains.

Lorsque vous achetez un traitement antipuces, assurez-vous de lire l'emballage pour savoir quand est le bon moment pour commencer à traiter votre chien en fonction de son âge et de sa taille actuels. Différentes marques ont des recommandations différentes, et vous ne voulez pas commencer à traiter votre chiot trop tôt. Il y a également des étapes très importantes pour appliquer le traitement. Assurez-vous de comprendre toutes les étapes avant d'acheter le traitement antipuces.

Si vous souhaitez utiliser des produits naturels au lieu de produits chimiques, prévoyez quelques heures pour rechercher les alternatives et découvrir ce qui convient le mieux à votre Teckel. Vérifiez que tous les produits naturels fonctionnent avant de les acheter et assurez-vous de consulter votre vétérinaire. Établir un calendrier régulier et l'ajouter à votre agenda vous aidera à vous souvenir de traiter régulièrement votre chien chaque mois.

Vers parasites

Bien que les vers soient un problème moins courant que les puces et les tiques, ils peuvent être beaucoup plus dangereux. Votre chien peut tomber malade à cause de vers transportés par les puces et les tiques. Il existe un certain nombre de types de vers dont vous devriez être conscient :

- Vers du cœur (dirofilariose)
- Ankylostomes
- Ascaris
- Ténias
- Trichures

Malheureusement, il n'existe pas d'ensemble de symptômes faciles à reconnaître pour aider à identifier quand votre chien a des vers. Cependant, vous pouvez surveiller ces symptômes, et si votre chien les présente, prenez rendez-vous chez le vétérinaire.

- Votre Teckel est inexplicablement léthargique pendant au moins quelques jours.

- Des touffes de poils commencent à tomber (cela se verra si vous brossez régulièrement votre Teckel) ou si vous remarquez des espaces irréguliers dans le pelage de votre chien.

- Le ventre de votre chien devient distendu (s'élargit) et ressemble à un ventre ballonné.

- Votre Teckel commence à tousser, vomir, a de la diarrhée ou perd l'appétit.

Si vous n'êtes pas sûr d'un symptôme, il est toujours préférable de consulter le vétérinaire dès que possible.

Vers du cœur (dirofilariose)

Les vers du cœur représentent une menace importante pour la santé de votre chien et peuvent être mortels car ils peuvent à la fois ralentir et arrêter le flux sanguin. À ce titre, vous devriez traiter régulièrement votre chien avec une protection contre les vers du cœur.

Heureusement, les vers du cœur font partie des problèmes de santé les plus faciles à prévenir. Il existe des médicaments qui peuvent garantir que votre Teckel n'attrape pas de vers du cœur. Pour prévenir ce problème très grave, vous pouvez donner à votre chien un médicament à mâcher, un médicament topique, ou vous pouvez demander des injections.

Ce parasite particulier est transporté par les moustiques, qu'il est presque impossible d'éviter dans la plupart des régions du pays. Comme les vers du cœur sont potentiellement mortels, prendre des mesures préventives est essentiel.

Si un chien a des vers du cœur, le traitement et la guérison sont coûteux et prennent du temps, mais cela vaudra bien tout le travail pour garder votre chiot en bonne santé et heureux.

- Le vétérinaire prélèvera du sang pour effectuer des tests, ce qui peut coûter jusqu'à 1 000 € (environ).

- Le traitement commencera par quelques médicaments initiaux, y compris des antibiotiques et des médicaments anti-inflammatoires.

- Après un mois de médicament initial, votre vétérinaire donnera à votre chien trois injections sur une période de deux mois.

Du moment où le vétérinaire confirme que votre chien a des vers du cœur jusqu'à ce qu'il ou elle dise que votre chien est débarrassé du parasite, vous devez garder votre chien calme. Votre vétérinaire vous dira comment faire faire de l'exercice à votre chien pendant cette période. Sachant que votre Teckel est susceptible d'être énergique, ce sera une période très difficile pour vous et votre chien. Vous devrez être prudent lorsque votre chien fait de l'exercice car les vers sont dans le cœur de votre chien, inhibant le flux sanguin. Par conséquent, faire pomper le cœur de votre chien trop fort peut le tuer.

Le traitement se poursuivra après la fin des injections. Après environ 6 mois, votre vétérinaire effectuera un autre test sanguin pour s'assurer que les vers ont disparu.

Une fois que votre chien est débarrassé des parasites, vous devrez être vigilant quant à la médication de votre chien contre les vers du cœur. Vous voulez vous assurer que votre pauvre petit compagnon ne souffre pas à nouveau de cela. Il y aura des dommages durables au cœur de votre chien, vous devrez donc vous assurer que votre chien ne fait pas trop d'exercice.

Vers intestinaux : ankylostomes, ascaris, ténias et trichures

Ces quatre vers prospèrent dans le tractus intestinal de votre chien, et ils y parviennent lorsque votre chien mange quelque chose qui en est contaminé. Voici comment les chiens ingèrent des vers le plus couramment :

- Excréments

- Petits hôtes, tels que puces, cafards, vers de terre et rongeurs

- Sol, y compris en léchant leur fourrure et leurs pattes

- Eau contaminée

- Lait maternel (si la mère a des vers, elle peut les transmettre aux jeunes chiots lorsqu'ils tètent)

Voici les symptômes et problèmes les plus courants causés par les parasites intestinaux :

- Anémie

- Perte de sang

- Toux

- Déshydratation

- Diarrhée

- Inflammation du gros intestin

- Perte de poids

Si un chien se repose sur un sol contenant des larves d'ankylostomes, le parasite peut s'introduire dans la peau du chien. Les vétérinaires effectueront un test de diagnostic pour déterminer si votre chien a ce parasite. Si votre chien a des ankylostomes, votre vétérinaire prescrira un vermifuge. Vous devriez consulter un médecin vous-même car les humains peuvent aussi attraper des ankylostomes.

Les ascaris sont un peu comme les puces en ce sens qu'ils sont très courants, et à un moment donné de leur vie, la plupart des chiens doivent être traités pour eux. Ils mangent principalement la nourriture digérée dans l'estomac de votre chien, obtenant les nutriments dont votre chien a besoin. Il est possible que des larves restent dans votre chien même après que tous les vers adultes aient été éradiqués. Les mères peuvent transmettre ces larves à leurs chiots. Cela signifie que si vous avez une femelle Teckel enceinte, vous devrez faire vérifier périodiquement ses chiots pour vous assurer que les larves inactives ne sont pas transmises aux chiots. La mère devra également passer le même test pour s'assurer que les vers ne la rendent pas malade. En plus des symptômes énumérés ci-dessus, votre Teckel peut sembler avoir un ventre ballonné. Vous pouvez également voir les vers dans les excréments ou les vomissures de votre chien.

Les ténias sont généralement mangés lorsqu'ils sont à l'état d'œufs, généralement transportés par des puces ou provenant des excréments d'autres animaux qui ont des ténias. Ils se développent dans le petit intestin du chien jusqu'à ce qu'ils soient adultes. Au fil du temps, des parties du ténia se détacheront et deviendront évidentes dans les déjections de votre chien, qui doivent être soigneusement nettoyées pour empêcher d'autres animaux d'attraper des ténias. Bien que les ténias ne soient généralement pas mortels, ils peuvent provoquer une perte de poids tout en donnant à votre chien un ventre ballonné (selon la taille que les vers atteignent dans les intestins de votre chien).

Votre vétérinaire peut tester votre chien pour voir s'il a des ténias, et prescrira un médicament que vous pouvez donner à votre chien, y compris des comprimés à mâcher, des comprimés ou un médicament que vous pouvez saupoudrer sur la nourriture de votre chien. Il existe un faible risque que les humains attrapent des ténias, les enfants étant les plus à risque en raison de la probabilité qu'ils jouent dans des zones où il y a des déjections de chien et ne se lavent pas suffisamment les mains par la suite. Il est possible de contracter des ténias si une personne avale une puce, ce qui est possible si votre chien et votre maison ont une infestation grave.

Les trichures se développent dans le gros intestin, et en grand nombre, ils peuvent être mortels. Leur nom est révélateur de leur apparence, avec leurs queues paraissant plus minces que la section supérieure. Comme pour les autres vers, vous devrez faire tester votre chien pour déterminer s'il est malade.

Maintenir les traitements antipuces, s'assurer que les gens ramassent derrière leurs animaux de compagnie, et veiller à ce que votre Teckel ne mange pas de déchets ou de déjections d'animaux sont les meilleures mesures préventives pour protéger votre chien contre ces parasites.

Si votre chien a des ankylostomes ou des ascaris, ceux-ci peuvent vous être transmis par votre chien par contact cutané. Être traité en même temps que votre Teckel peut aider à arrêter le cycle vicieux de l'échange continu de vers entre vous.

Des mesures préventives contre tous ces vers peuvent être incluses avec le médicament préventif contre les vers du cœur. Parlez à votre vétérinaire des différentes options pour éviter que votre animal ne souffre de ces problèmes de santé.

Vaccination de votre Teckel

Les calendriers de vaccination sont presque universels pour toutes les races de chiens, y compris les Teckels. La liste suivante peut vous aider à vous assurer que votre Teckel reçoit les vaccins nécessaires selon le calendrier. Assurez-vous d'ajouter cela à votre agenda. Pour rappel, aucun vaccin ne doit être administré lors de la toute première visite chez le vétérinaire de votre chiot. Votre nouveau chien a déjà assez de stress avec tous les changements dans sa vie. Si votre chiot doit recevoir d'autres vaccins peu après son arrivée chez vous, ce rendez-vous doit être programmé séparément, une fois que votre chiot se sentira plus à l'aise dans votre maison. Jusqu'à ce que votre chiot ait terminé ses vaccinations, vous devriez éviter les chiens extérieurs à votre foyer et limiter l'exposition à vos autres chiens au minimum.

Le tableau suivant fournit des détails sur les vaccins qui doivent être administrés et quand.

Calendrier	Vaccin
6 à 8 semaines	CHPPi (Carré, Hépatite, Parvovirose, Parainfluenza) + Leptospirose
10 à 12 semaines	Rappel CHPPi-L + Rage (selon obligations)
14 à 16 semaines	Rappel final CHPPi-L
Annuellement	Rappel Leptospirose ± Toux du chenil (Bordetella/ Parainfluenza)
Tous les 3 ans	Rappel Carré, Hépatite, Parvovirose + Rage (si vaccin triennal choisi)"

Ces vaccins protègent votre chien contre une gamme de maladies. N'oubliez pas que vous devrez faire des vaccins une partie annuelle des visites chez le vétérinaire de votre chien afin de continuer à protéger votre chiot. Si vous souhaitez en savoir plus sur les maladies contre lesquelles ces vaccinations protègent votre chien, consultez le site de la Société Centrale Canine. Ils fournissent des détails sur les affections et d'autres informations qui peuvent vous aider à comprendre pourquoi il est si important de maintenir les vaccins à jour.

Alternatives holistiques

Vouloir éviter à un chien une exposition importante à des traitements chimiques a du sens, et il existe de nombreuses bonnes raisons pour lesquelles les gens se tournent vers des méthodes plus holistiques. Cependant, cela nécessite beaucoup plus de recherche et de surveillance pour s'assurer que les méthodes fonctionnent et, plus important encore, qu'elles ne nuisent pas à votre chien. Les médecines holistiques non vérifiées peuvent être une perte d'argent, ou, pire, elles peuvent même être nocives pour votre animal.

Si vous décidez d'opter pour un médicament holistique, parlez à votre vétérinaire de vos options. Vous pouvez également consulter des experts en Teckels pour voir ce qu'ils recommandent avant de commencer à utiliser des méthodes qui vous intéressent. Lisez ce que les scientifiques ont dit sur le médicament que vous envisagez. Il est possible que les produits plus génériques que vous achetez dans un magasin soient en fait meilleurs que certains médicaments holistiques vendus dans des magasins spécialisés.

Assurez-vous d'être minutieux dans vos recherches et de ne prendre aucun risque inutile avec la santé de votre Teckel. Des choses comme l'acupuncture sont populaires, mais ces traitements n'ont pas les mêmes effets sur les chiens que sur les humains. Avec de nombreux sites dédiés aux soins des Teckels, vous pouvez trouver des informations sur ce qui est recommandé. Il est possible que quelque chose comme la massothérapie puisse beaucoup aider votre chien, surtout à mesure qu'il vieillit. Vous devrez cependant être prudent en raison des problèmes de santé potentiels de la race. Suivez les recommandations sur les sites réputés sur les Teckels pour fournir les meilleurs soins et les plus sûrs pour votre chien. Il existe même un type spécial de thérapie chiropratique pour les chiens, mais vous devrez être prudent pour trouver un chiropraticien réputé pour votre chiot afin que le chiropraticien ne fasse pas plus de mal que de bien.

CHAPITRE 16
Santé génétique

« Les Teckels sont connus pour avoir une colonne vertébrale fragile. Il semble y avoir une corrélation génétique avec la hernie discale. Maintenir votre Teckel à un poids de forme et ne pas lui permettre de sauter de hauteurs importantes contribuera à protéger sa colonne vertébrale. »

Elizabeth Bender
BenderDachs

Mis à part leur prédisposition aux blessures dorsales, les Teckels sont des chiens de race étonnamment robustes. Cela ne signifie pas qu'ils n'ont pas de problèmes génétiques, et plusieurs des problèmes potentiels sont graves. C'est pourquoi il est si important de vous renseigner sur l'éleveur avant d'adopter un chiot. Les bons éleveurs offrent des garanties (chapitre 3) pour assurer que leurs chiots peuvent être rendus s'ils présentent l'un des problèmes génétiques connus de la race. Pour répondre aux exigences de ces garanties, vous devez connaître les problèmes et leurs symptômes. Plus tôt vous commencez à contrer les problèmes potentiels, plus votre Teckel a de chances de rester en bonne santé.

Crédit photo :
Jennifer Henderson

Les éleveurs devraient être en mesure de fournir des dossiers de santé en plus des carnets de vaccination et des tests requis. S'assurer que les parents

190

sont en bonne santé augmente la probabilité que votre chiot reste en bonne santé tout au long de sa vie. Cependant, il existe toujours une possibilité que votre chien présente l'un de ces problèmes documentés même si les parents n'en souffrent pas, vous devrez donc surveiller attentivement votre petit compagnon.

Hernie discale intervertébrale

En raison de leur dos génétiquement long, les Teckels sont prédisposés aux blessures de la colonne vertébrale. La hernie discale intervertébrale (HDIV) est une maladie génétique qui rend les disques et les vertèbres fragiles. Cette maladie, associée à la longueur du dos, augmente la probabilité que votre Teckel subisse une rupture ou un glissement de disque, surtout en vieillissant. Cela peut entraîner des dommages permanents à la colonne vertébrale de votre Teckel et, dans les cas les plus graves, laisser votre pauvre compagnon paralysé.

Bien que cela ait été abordé dans les chapitres précédents, pour vous aider à vous assurer que votre Teckel ne se blesse pas le dos, surtout s'il souffre de HDIV, voici un rappel des mesures que vous pouvez prendre pour réduire le risque de blessure à la colonne vertébrale de votre chien.

- Assurez-vous qu'il fait suffisamment d'exercice, en le maintenant à un poids de forme.

- Dans la mesure du possible, empêchez votre Teckel de sauter des meubles, particulièrement du mobilier et pour entrer/sortir de votre voiture. L'effort pour sauter d'un endroit aussi bas, associé à l'impact lorsqu'ils touchent le sol, peut endommager le dos de votre chien.

- Si à un moment donné vous devez soulever votre chien (par exemple en raison d'une blessure, d'un animal plus grand agressif, ou d'escaliers inattendus lorsque vous explorez avec votre chien), assurez-vous de soulever les deux extrémités de votre chien en même temps. Ne soulevez jamais votre chien uniquement sous les pattes avant. Vous ne voulez pas que la partie inférieure de votre chien se balance comme un pendule lorsque vous le soulevez du sol. Assurez-vous de maintenir tout son corps, tant la moitié avant que la moitié arrière, soutenu aussi longtemps que vous tenez votre chien.

Acanthosis Nigricans

Crédit photo :
Deborah Swingley

Malgré le nom inquiétant de cette maladie, cette affection génétique n'est pas mortelle. Elle provoque un assombrissement anormal de la peau de votre chien. Il existe deux types de cette affection, et les Teckels souffrent du premier type (et ils sont pratiquement la seule race concernée, c'est incroyablement rare).

Si votre Teckel est atteint de cette maladie, elle se manifestera au cours de sa première année. Sa peau commencera à s'assombrir et à s'épaissir. Cela peut provoquer des infections bactériennes ou fongiques sur les parties affectées de la peau du chien. Ce n'est pas une menace pour sa vie, mais le traitement se fait généralement par injections et shampooings médicamenteux.

C'est rare, et généralement les vétérinaires effectuent une biopsie pour déterminer si un Teckel est atteint de cette maladie.

L'autre forme de la maladie est causée par le frottement lorsqu'un chien est obèse ou présente certaines anomalies physiques. Elle peut également être l'indication de quelque chose de plus grave, comme l'hyperthyroïdie ou un autre type de déséquilibre hormonal. Les allergies peuvent également contribuer à la seconde forme d'Acanthosis Nigricans. Comme ce type est souvent causé par un problème externe, le traitement est beaucoup plus simple, notamment en traitant le problème sous-jacent. Si un cas est grave, des injections peuvent être nécessaires.

Quelle que soit la cause, vous devez consulter un vétérinaire si vous remarquez des zones plus foncées sur la peau de votre chien afin que l'affection puisse être traitée.

Hypothyroïdie

C'est un problème que l'on retrouve également chez les humains (et de nombreuses autres races de chiens). L'hypothyroïdie résulte d'une production insuffisante d'hormone thyroïdienne par l'organisme. Elle commence souvent à se manifester chez les Teckels entre deux et six ans, et les symptômes comprennent une prise de poids, un manque d'énergie et des problèmes de peau (comme une peau sèche ou qui démange).

Une analyse de sang est effectuée pour savoir si un Teckel souffre d'hypothyroïdie. Certains vétérinaires effectuent ce test annuellement comme mesure préventive. Si votre chien souffre d'hypothyroïdie, votre vétérinaire lui prescrira probablement un médicament oral.

Maladie de Cushing

Également connue sous le nom d'hyperadrénocorticisme, cette maladie résulte de la production excessive de l'hormone cortisone par les glandes surrénales d'un chien. Il est facile de confondre cette maladie avec les effets du vieillissement. Les symptômes de l'hyperadrénocorticisme comprennent une soif excessive, des mictions plus fréquentes, une perte d'appétit et de poils, ainsi qu'une prise de poids.

Si vous remarquez que votre chien prend du poids, boit davantage ou a des accidents dans la maison, emmenez-le chez le vétérinaire. Assurez-vous de mentionner les problèmes que vous avez remarqués afin qu'ils puissent faire une analyse pour la maladie de Cushing. Elle est traitable, donc plus tôt vous la détectez, meilleure sera la qualité de vie de votre chien. Le traitement comprend généralement des médicaments, bien que dans les cas les plus graves, une intervention chirurgicale puisse être nécessaire.

Problèmes dentaires

Les Teckels sont connus pour leurs problèmes dentaires. Une partie du problème est que leurs dents peuvent être trop nombreuses pour leur petite bouche, ce qui augmente la quantité de nourriture piégée entre les dents. Cela provoque la formation de plus de plaque dentaire, ce qui peut entraîner une inflammation des gencives et des infections.

Pour garder la bouche de votre chien en bonne santé, vous devez vous assurer de brosser régulièrement ses dents. Cela peut occasionnellement inclure de l'emmener chez un professionnel pour un nettoyage plus approfondi, bien que vous deviez trouver un professionnel qui peut le faire sans utiliser d'anesthésie. En raison de leur taille, les Teckels ne devraient pas recevoir d'anesthésie car cela peut les tuer. Si vous brossez régulièrement les dents de votre chien, vous devriez pouvoir contribuer à maintenir la bouche de votre chien en assez bonne santé.

Troubles cardiaques

L'un des deux troubles les plus préoccupants communs aux Teckels est la maladie dégénérative de la valve mitrale. Lorsqu'un chien a ce problème, une valve cardiaque fuit, et cela commence généralement lorsque le chien atteint l'âge d'or, entre 8 et 10 ans. Vous voulez vous assurer que votre Teckel est examiné pour ce problème à mesure qu'il vieillit. Lorsqu'ils sont détectés tôt, les problèmes peuvent être minimisés grâce à des médicaments. Maintenir votre chien à un poids santé est important pour éviter que son cœur ne travaille trop.

Troubles cérébraux

Le second problème préoccupant concerne le cerveau du Teckel. Il existe plusieurs problèmes qui sont plus courants chez les Teckels que chez la plupart des autres races.

- Les Teckels peuvent souffrir de narcolepsie. Ils seront plus léthargiques et tout déclencheur émotionnel fort peut les faire s'endormir. Il n'y a aucun avertissement quant au moment où votre chien s'évanouira. Cela pourrait être l'excitation à propos d'une balade en voiture ou d'une friandise. Peut-être avez-vous laissé une porte ouverte, provoquant chez votre Teckel une surexcitation à l'idée de s'échapper. Il n'existe pas de traitement.

- La maladie de Lafora est un type d'épilepsie plus grave qui se présente sous forme de fortes secousses musculaires. Les crises ne durent généralement que quelques secondes. C'est un problème plus courant chez les Teckels nains à poil dur.

Si vous remarquez l'un de ces problèmes, ou tout autre type de crise ou d'indications d'un trouble neurologique, emmenez votre chien chez le vétérinaire le plus rapidement possible.

Problèmes oculaires

Ces grands yeux adorables dans le petit visage d'un Teckel sont magnifiques, mais ils peuvent aussi avoir beaucoup de problèmes. Beaucoup de ces problèmes ne sont pas courants, mais vous devriez surveiller votre chiot afin de pouvoir obtenir un traitement le plus tôt possible. Plusieurs de ces affections peuvent entraîner la cécité si elles ne sont pas traitées.

Glaucome

Affection oculaire douloureuse, le glaucome peut entraîner la cécité s'il n'est pas traité rapidement. Si vous remarquez que les yeux de votre Teckel larmoient beaucoup, que la cornée devient bleue ou que votre chien cligne souvent des yeux, emmenez-le chez le vétérinaire. Ce sont des signes que votre chien souffre, ce qui peut être difficile à remarquer car vous vous habituez au comportement.

Vous pouvez également demander à votre vétérinaire de faire un dépistage annuel du glaucome. Cela vous aidera à savoir que votre chien va bien.

Atrophie rétinienne progressive (ARP)

L'ARP provoque une sensibilité à la lumière en raison de problèmes avec la rétine. Les chiots devraient être testés, donc si vous adoptez votre chiot auprès d'un éleveur, vous devriez avoir une garantie contre ce problème particulier.

Les chiens atteints de cette affection commencent généralement à présenter une cécité nocturne, ce qui peut rendre votre chien plus nerveux. Si vous regardez les yeux de votre chien, ils peuvent également refléter davantage la lumière à mesure que les yeux se détériorent. L'affection touche les deux yeux, donc le problème devrait se manifester dans les deux.

Il n'existe pas de traitement pour cette affection. Vous devrez apprendre à vous adapter à la vue défaillante de votre chien au fil du temps.

Infections oculaires

L'un des problèmes les plus courants pour les yeux des Teckels est les infections. Si vous remarquez que ces yeux adorables commencent à paraître rouges ou enflammés, vous devriez emmener votre Teckel chez le vétérinaire pour faire examiner ses yeux. Il existe plusieurs causes po-

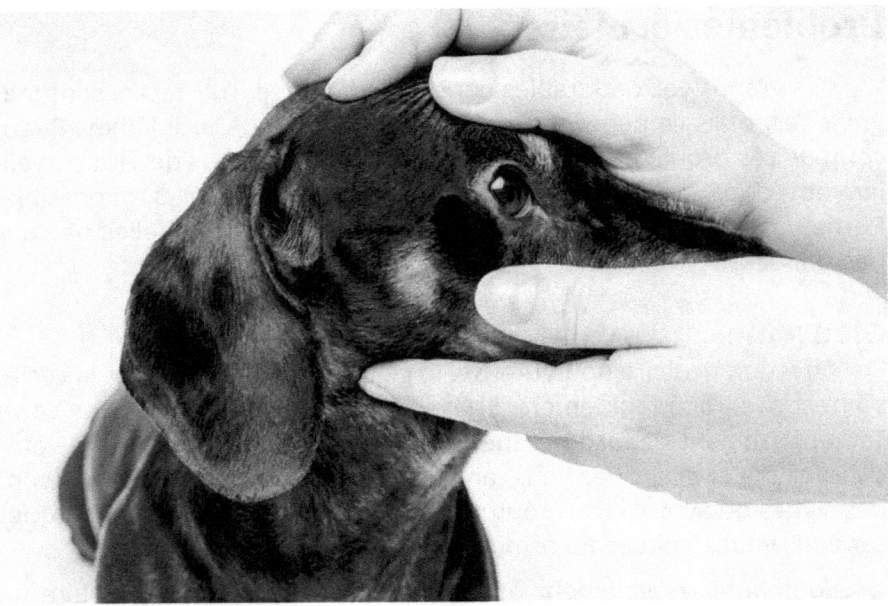

tentielles pour ces problèmes, vous devez donc faire vérifier les yeux par votre vétérinaire pour déterminer comment traiter le problème.

Syndrome de l'œil sec

Les yeux des Teckels peuvent avoir une production de larmes réduite, ce qui entraîne des yeux secs. Cela peut amener votre chien à se gratter les yeux ou du mucus peut commencer à s'écouler de ses yeux. Sans traitement, cela peut causer des problèmes graves et des complications, et dans le pire des cas, entraîner la cécité. Pour traiter cette affection, une intervention chirurgicale peut être nécessaire. Si ce n'est pas grave, votre vétérinaire pourra peut-être appliquer régulièrement des larmes artificielles.

Ulcères oculaires

Les Teckels ont tendance à souffrir de ce problème plus souvent que la plupart des races. Les ulcères oculaires apparaissent souvent soudainement et nécessitent un traitement immédiat pour éviter qu'ils ne s'aggravent. Voici les symptômes les plus courants de ce problème oculaire :

- Cratères ou trous visibles à la surface de l'œil
- Yeux rouges ou enflammés
- Larmoiement

Crédit photo :
Lee Roberts
Roberts Twins Photography

● Fermeture excessive des yeux et plissement

Habituellement, les ulcères sont causés par une blessure à ces grands yeux ou aux paupières. Ils peuvent également résulter de certains des autres problèmes de cette liste, comme le syndrome de l'œil sec.

S'ils sont traités rapidement après leur formation, votre chien ne mettra que quelques jours à se rétablir.

Infections fongiques des oreilles

Les oreilles des chiens peuvent créer un endroit sombre et chaud où les champignons, les levures et les bactéries peuvent proliférer. Le Teckel ayant des oreilles particulièrement longues qui auront tendance à se retourner tout le temps, il existe un risque qu'ils développent des infections auriculaires. Les allergies peuvent être un facteur majeur, mais tous les chiens sont à risque pour ces types d'infections. C'est pourquoi il est absolument essentiel que vous ne laissiez pas les oreilles de votre chien se mouiller pendant le bain, et que vous surveilliez la santé de ses oreilles. Surveillez les problèmes suivants dans les oreilles de votre chien :

● Écoulement coloré (particulièrement brun ou sanglant)

● Gonflement et rougeur

- Formation de croûtes sur la peau du pavillon de l'oreille

- Grattement de l'oreille ou secouement fréquent de la tête

- Perte d'audition ou d'équilibre

- Marche en cercles (au-delà de l'habitude pour les inspections de toilette ou la préparation du nid avant de se coucher)

Si vous remarquez l'un de ces symptômes, emmenez votre chien chez le vétérinaire, même si les symptômes semblent légers. Il existe un certain nombre de traitements disponibles, selon la gravité de l'affection. Habituellement, une crème antifongique sera recommandée, mais des problèmes plus graves (comme une infection de l'oreille moyenne) pourraient nécessiter des injections ou une chirurgie.

Si votre chien souffre d'infections fongiques chroniques des oreilles, votre vétérinaire recommandera probablement un nettoyant auriculaire conçu pour prévenir le problème ou une solution qui maintiendra la zone sèche.

Erreurs courantes des propriétaires

Les deux plus grands problèmes potentiels sont les blessures au dos des Teckels et l'obésité, mais ce ne sont pas les seules choses qui pourraient mal tourner. En plus des problèmes génétiques, il y a des choses que vous pouvez faire qui pourraient nuire à la santé de votre chien en ce qui concerne le régime alimentaire et les niveaux d'exercice. Dans les premiers jours, c'est un équilibre difficile à trouver car votre chiot est curieux et enthousiaste. Même lorsqu'il est un chien adulte, vous devez vous assurer que vous minimisez le stress exercé sur la structure de votre Teckel. La gestion du poids est un moyen important de garder votre chien en bonne santé. Vous devez vous assurer que votre chien reçoit la bonne nutrition pour son niveau d'activité afin d'éviter qu'il ne risque davantage d'aggraver la dysplasie de la hanche et du coude.

Ne pas remarquer les premiers signes de problèmes potentiels peut être préjudiciable, voire fatal. Si à un moment donné vous remarquez des changements étranges dans le comportement de votre chien, emmenez-le chez le vétérinaire. En tant que race assez saine, un comportement étrange chez un Teckel est probablement le signe de quelque chose qui devrait être vérifié.

Prévention et surveillance

La tendance récente des Teckels en surpoids « mignons » a attiré l'attention sur les risques potentiels pour la santé que ce genre de tendance peut causer. C'est une race qui est déjà mignonne, et vous ne devriez jamais sacrifier la santé de votre chien au nom de la mignonnerie. Au lieu de cela, prenez plus de temps pour apprendre à votre chien à faire quelque chose de mignon. C'est à la fois plus sain et plus amusant pour votre petit compagnon et vous.

Vérifier le poids de votre Teckel est important et devrait être fait au moins une fois par trimestre ou deux fois par an. Votre vétérinaire vous parlera probablement si votre chien est en surpoids car cela exerce non seulement une pression sur le long dos, les jambes, les articulations et les muscles du chien, mais cela peut également avoir des effets néfastes sur le cœur, la circulation sanguine et le système respiratoire de votre chien. Assurez-vous de parler à votre vétérinaire si vous remarquez que votre Teckel a des difficultés. Ces visites régulières chez le vétérinaire peuvent vous aider à résoudre des problèmes que vous pourriez ne pas considérer comme importants. Parfois, les symptômes que vous remarquez sont le signe d'un problème futur.

Crédit photo :
Katrice Brown

199

CHAPITRE 17
Le Teckel senior

L'espérance de vie moyenne d'un Teckel se situe entre 12 et 16 ans, une longévité qui en fait l'une des races les plus endurantes. Certains Teckels ont même vécu jusqu'à près de deux décennies. Si vous prenez bien soin de votre Teckel, vous pourriez profiter d'une longue et affectueuse complicité avec votre petit compagnon. Bien sûr, ce temps semblera toujours trop court, mais vous pouvez faire beaucoup pour prolonger la vie de votre chien. Un Teckel bien soigné vivra plus longtemps s'il ne souffre pas de problèmes de santé majeurs, d'où l'importance de veiller à ce que votre compagnon fasse régulièrement de l'exercice et bénéficie d'une alimentation équilibrée. Vous souhaitez que votre Teckel vive une vie longue et heureuse.

À un moment donné, vous remarquerez que votre Teckel ralentit, signe que votre petit compagnon commence à ressentir le poids des années. Cela se produit généralement vers l'âge de 9 ou 10 ans. Un chien peut rester en bonne santé toute sa vie, mais son corps ne pourra plus accomplir les mêmes activités à mesure que les années passent. Les adaptations nécessaires au vieillissement de votre chien dépendront des besoins spécifiques de votre Teckel.

Les premiers signes de l'âge se manifestent généralement par une démarche plus raide ou par un essoufflement plus rapide lors des promenades. Si vous observez ces signes, commencez à réduire la longueur des promenades et optez plutôt pour des sorties plus fréquentes mais plus courtes. Votre Teckel voudra probablement rester actif, ce qui signifie que vous devrez veiller à maintenir un certain niveau d'activité, mais en adaptant le type d'exercices que vous pratiquez ensemble.

Votre emploi du temps devra évoluer à mesure que votre compagnon ralentit. Veillez à ce que votre chien ne se surmène pas s'il essaie de rester actif. Votre Teckel pourrait ne pas vouloir accepter que les choses changent, un processus qu'il ne pourra pas contrôler.

Il y a une raison pour laquelle on parle des « années de sagesse », vous pouvez vraiment les savourer avec votre chien. Vous n'avez plus à vous inquiéter qu'il détruise des objets par ennui ou qu'il s'excite trop pendant les promenades. Vous pouvez profiter de soirées paisibles et de week-ends tranquilles, ponctués de quelques exercices moins intenses

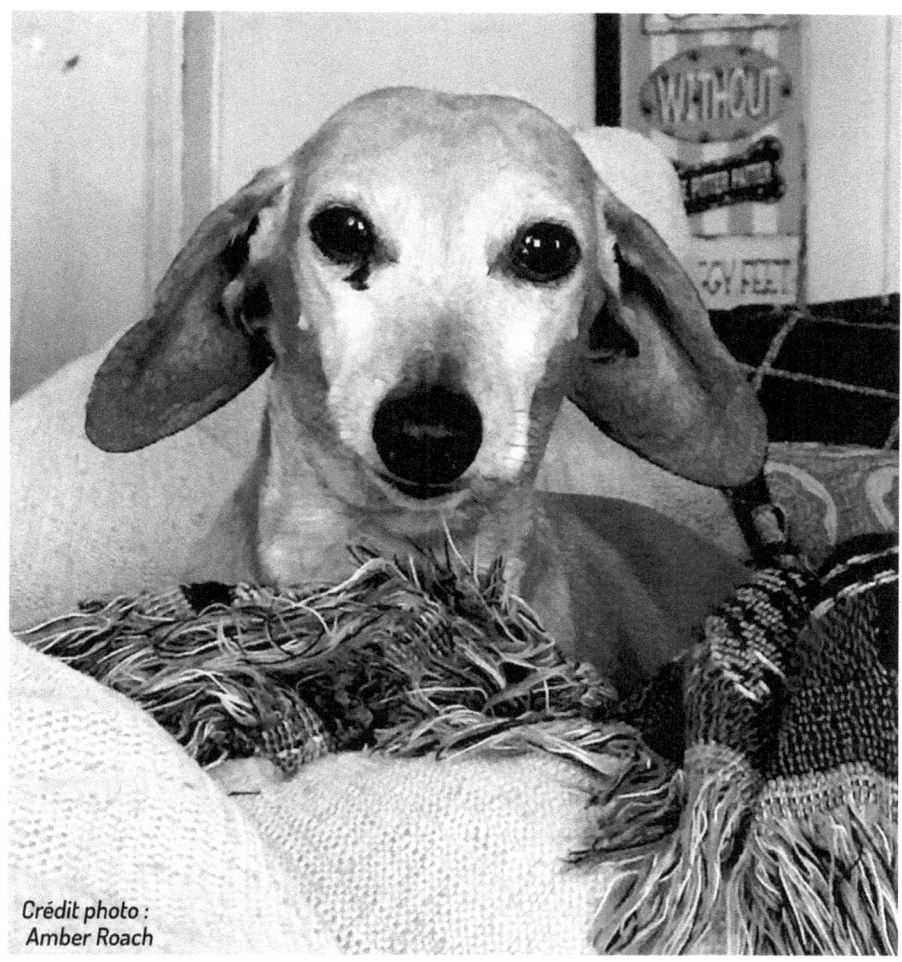

Crédit photo :
Amber Roach

pour rythmer la journée. Il est facile de rendre ces vieilles années parti-culièrement agréables pour votre Teckel et pour vous-même en faisant les ajustements nécessaires.

Les défis des soins aux seniors

Dans la plupart des cas, s'occuper d'un chien âgé est beaucoup plus simple que de prendre soin d'un jeune chien, et les Teckels ne font pas ex-ception. Avec les Teckels, vous avez déjà une longueur d'avance puisque vous vous êtes efforcé pendant des années d'éviter que votre chien ne se blesse au dos. Il est possible que vous n'ayez pas besoin de modifier considérablement votre domicile pour votre compagnon vieillissant.

Les aménagements à prévoir pour votre Teckel senior comprennent :

- Placez des gamelles d'eau à différents endroits pour que votre chien puisse facilement y accéder selon ses besoins.

- Couvrez les surfaces dures (comme le carrelage, le parquet et le vinyle). Utilisez des tapis ou des descentes de lit antidérapants.

- Ajoutez des coussins et une literie plus moelleuse pour votre Teckel. Cela rendra la surface plus confortable. Il existe des réchauffeurs de couchage pour chiens si votre Teckel présente souvent des douleurs articulaires ou musculaires. Bien sûr, vous devez également vous assurer qu'il n'a pas trop chaud, ce qui peut nécessiter un équilibre délicat.

- Pour améliorer sa circulation, augmentez la fréquence à laquelle vous brossez votre Teckel.

- Restez à l'intérieur par temps extrêmement chaud ou froid. Votre Teckel est relativement robuste, mais un vieux chien ne peut plus supporter les changements de température aussi bien qu'auparavant.

- Utilisez des escaliers ou des rampes pour votre Teckel (si ce n'est pas déjà fait) afin que votre vieux compagnon n'ait pas à essayer de sauter.

- Évitez de déplacer vos meubles, particulièrement si votre Teckel montre des signes de problèmes de vue ou souffre de démence. Un environnement familier est plus réconfortant et moins stressant à mesure que votre animal vieillit. Si votre Teckel ne voit plus aussi clairement qu'avant, maintenir un cadre familier lui permettra de se déplacer plus facilement sans se blesser.

- Si vous avez des escaliers que votre Teckel ne peut plus utiliser, envisagez d'aménager un espace où votre chien pourra rester sans avoir à les monter et descendre trop souvent.

- Créez un espace où votre Teckel peut se détendre avec moins de distractions et de bruits. Ne faites pas sentir à votre vieil ami qu'il est isolé, mais donnez-lui un endroit où il peut s'éloigner de tout le monde s'il a besoin d'être seul.

- Soyez prêt à laisser sortir votre chien plus fréquemment pour ses besoins.

Crédit photo :
Tamara Hanson

Troubles physiques courants liés au vieillissement

Les chapitres précédents traitent des maladies courantes ou probables chez un Teckel, mais la vieillesse tend à apporter son lot de maux qui ne sont pas spécifiques à une race particulière. Voici les problèmes à surveiller (et dont il faut discuter avec votre vétérinaire).

- L'arthrite est probablement le mal le plus courant chez toutes les races de chiens, et le Teckel ne fait pas exception. Si votre chien montre des signes de raideur et de douleur après des activités normales, parlez avec votre vétérinaire des moyens sûrs pour aider à minimiser la douleur et l'inconfort de cette affection articulaire courante.

- Les maladies des gencives sont également fréquentes chez les chiens âgés, et vous devez être tout aussi vigilant quant au brossage de ses dents lorsque votre chien vieillit qu'à tout autre âge. Un contrôle régulier des dents et des gencives de votre Teckel peut aider à éviter que cela ne devienne un problème.

- La perte de vision ou la cécité est relativement courante chez les chiens âgés, tout comme chez les humains. Faites vérifier la vision de votre chien au moins une fois par an, et plus souvent s'il est évident que sa vue baisse.

- Les maladies rénales sont un problème courant chez les chiens âgés, et c'est un problème que vous devez surveiller à mesure que votre Teckel vieillit. Si votre chien boit plus souvent et a régulièrement des accidents, emmenez votre Teckel chez le vétérinaire dès que possible pour vérifier s'il souffre d'une maladie rénale.

- Le diabète est probablement la plus grande préoccupation pour une race qui aime autant manger que votre Teckel, même avec un exercice quotidien pendant la majeure partie de la vie adulte du chien. Bien que le diabète soit généralement considéré comme une condition génétique, tout Teckel peut devenir diabétique s'il n'est pas nourri et exercé correctement. C'est une raison supplémentaire pour laquelle il est si important d'être attentif à l'alimentation et au niveau d'exercice de votre Teckel.

Marches, rampes et fauteuils roulants

Vous ne devriez pas soulever votre Teckel pour le porter dans les escaliers ou le mettre dans la voiture. Il souhaite toujours conserver une certaine indépendance, et vous pourriez potentiellement lui causer des dommages en le soulevant. Les marches et les rampes sont le meilleur moyen de garantir en toute sécurité que votre Teckel puisse maintenir

Crédit photo :
Gisela Benitez

un certain niveau d'autonomie en vieillissant. De plus, l'utilisation de marches et de rampes fournit un peu d'exercice supplémentaire.

Visites chez le vétérinaire

À mesure que votre Teckel vieillit, vous remarquerez son ralentissement, et la douleur dans son corps sera évidente, tout comme chez une personne âgée. Effectuez des visites régulières chez votre vétérinaire pour vous assurer que vous ne faites rien qui pourrait potentiellement nuire à votre Teckel. Si votre Teckel souffre d'une maladie ou d'une affection débilitante, vous pourriez vouloir discuter des options pour lui assurer une meilleure qualité de vie, comme un chariot si les pattes de votre Teckel commencent à avoir de sérieux problèmes.

L'importance des visites vétérinaires régulières et à quoi s'attendre

Tout comme les humains consultent plus souvent leur médecin en vieillissant, vous devrez emmener votre chien chez le vétérinaire plus fréquemment. Le vétérinaire peut s'assurer que votre Teckel reste actif sans en faire trop, et qu'il n'y a pas de stress inutile pour votre chien âgé. Si votre chien a subi une blessure et vous l'a cachée, votre vétérinaire est plus susceptible de la détecter.

Votre vétérinaire peut également vous faire des recommandations concernant les activités et les changements à apporter à votre emploi du temps en fonction des capacités physiques de votre Teckel et de tout changement de personnalité. Par exemple, si votre Teckel halète davantage maintenant, cela pourrait être un signe de douleur due à la raideur. Votre vétérinaire peut vous aider à déterminer la meilleure façon de garder votre Teckel heureux et actif pendant ses dernières années.

Voici à quoi vous attendre lors de vos visites chez le vétérinaire.

- Votre vétérinaire va discuter de l'historique de votre chien, même si vous avez effectué des visites annuelles. Cette discussion est nécessaire pour voir comment les choses ont évolué ou si des problèmes potentiels ont commencé à se manifester ou se sont aggravés.

- Pendant que vous discutez, votre vétérinaire procédera probablement à un examen physique complet pour évaluer la santé de votre chien.

- Selon l'âge de votre chien et son état de santé, votre vétérinaire pour-rait vouloir effectuer différents tests. Voici quelques-uns des tests les plus courants pour les chiens âgés.

  - Test de dépistage des maladies transmises par les arthropodes, qui implique de prélever du sang et de le tester pour détecter les infections virales

  - Dépistage biochimique pour l'évaluation des reins, du foie et du taux de sucre

  - Numération sanguine complète

  - Flottation fécale, qui consiste à mélanger les excréments de votre chien avec un liquide spécial pour détecter les vers et autres parasites

  - Test de dépistage de la dirofilariose

  - Analyse d'urine, qui teste l'urine de votre chien pour vérifier la santé de ses reins et de son système urinaire

- Le bilan de santé de routine que le vétérinaire effectue sur votre chien depuis des années

- Tous les tests spécifiques à la race pour votre Teckel vieillissant

Changements à surveiller

Soyez attentif aux différents signes indiquant que votre chien ralen-tit. Cela vous aidera à savoir quand ajuster l'aménagement de votre mai-son et réduire l'exercice de votre vieux compagnon.

Appétit et besoins nutritionnels

Avec moins d'exercice, votre chien n'a pas besoin d'autant de calo-ries, ce qui signifie que vous devez ajuster son régime alimentaire. Si vous avez choisi de nourrir votre Teckel avec des aliments commerciaux pour chiens, assurez-vous de passer à une nourriture pour seniors. Les aliments pour seniors sont conçus pour répondre aux besoins alimen-taires changeants des chiens âgés, avec moins de calories et plus de nu-triments dont le corps du chien âgé a besoin.

Si vous préparez vous-même la nourriture de votre Teckel, parlez-en à votre vétérinaire et prenez le temps de rechercher la meilleure façon de réduire les calories sans sacrifier le goût. Votre chien aura besoin de

Crédit photo :
Jackie Rivera

moins de matières grasses dans son alimentation, vous devrez donc peut-être trouver quelque chose de plus sain qui a toujours beaucoup de goût pour compléter les types d'aliments que vous donniez à votre Teckel quand il était chiot ou adulte actif.

Exercice

Comme les Teckels sont si sociables, ils seront tout aussi heureux avec une attention supplémentaire de votre part qu'ils l'étaient avec l'exercice quand ils étaient plus jeunes. Si vous réduisez les exigences, diminuez le nombre de promenades ou modifiez d'une quelconque fa-çon la routine, votre Teckel senior s'adaptera rapidement au nouveau programme. Vous devrez apporter ces changements en fonction des ca-pacités de votre chien, c'est donc à vous d'ajuster l'emploi du temps et de garder votre Teckel heureux et actif. Des promenades plus courtes et plus fréquentes devraient répondre aux besoins d'exercice de votre Tec-kel, tout en aidant à mieux répartir votre journée.

Votre chien appréciera autant la sieste que la promenade, surtout s'il peut se blottir contre vous. Dormir à côté de vous pendant que vous re-gardez la télévision ou que vous faites vous-même une sieste est à peu près tout ce qu'il faut pour rendre votre vieux Teckel content, mais il a toujours besoin de faire de l'exercice.

La façon dont votre Teckel ralentit sera probablement la partie la plus difficile à observer de son vieillissement. Vous remarquerez peut-être que votre Teckel passe plus de temps à renifler pendant les pro-menades, ce qui pourrait être un signe que votre chien se fatigue. Cela pourrait aussi être sa façon de reconnaître que les longues promenades sont une chose du passé et qu'il s'arrête donc pour profiter davantage des petites choses. S'arrêter pour sentir les odeurs lui procure peut-être maintenant l'excitation qu'il obtenait autrefois en marchant plus loin.

Bien que vous deviez être attentif à la fatigue de votre chien, il pour-rait aussi vous le faire savoir. S'il marche plus lentement, vous regarde et se laisse tomber, cela pourrait être sa façon de vous faire savoir qu'il est temps de rentrer à la maison. Si votre chien ne peut plus gérer de lon-gues promenades, rendez-les plus courtes et plus nombreuses et passez plus de temps à gambader dans votre jardin ou votre maison avec votre compagnon.

Le vieillissement et les sens

Comme les humains, les sens des chiens s'affaiblissent avec l'âge. Ils n'entendront plus aussi bien qu'avant, ne verront plus les choses aussi clairement, et leur odorat s'affaiblira.

Voici quelques signes indiquant que votre chien perd au moins l'un de ses sens.

- Il devient facile de surprendre ou de faire sursauter votre chien. Vous devez être prudent car cela peut rendre votre Teckel agressif, une perspective effrayante même à un âge avancé. Ne vous approchez PAS furtivement de votre vieux chien, car cela peut être mauvais pour vous deux, et il mérite mieux que d'être effrayé.

- Votre chien peut sembler vous ignorer parce qu'il est moins réactif lorsque vous donnez un ordre. Si vous n'avez pas eu de problème auparavant, votre chien n'est pas têtu, il perd probablement son audition.

- Des yeux troubles peuvent être un signe de perte de vision, bien que cela ne signifie pas que votre chien est aveugle.

Si votre chien semble « mal se comporter », c'est un signe qu'il vieillit, non qu'il ne se soucie pas ou qu'il veut se rebeller. Ne punissez pas votre chien âgé.

Adaptez votre emploi du temps aux capacités changeantes de votre chien. Ajustez la hauteur de sa gamelle d'eau, évitez de réaménager les pièces et caressez votre chien plus souvent. Assurez-vous que son lit est aussi moelleux que lorsque vous l'avez acheté, ou vous pouvez lui en procurer un nouveau. Veillez à placer le lit au sol s'il était auparavant sur un meuble. Il est probablement nerveux à l'idée de perdre ses capacités, c'est donc à vous de le réconforter.

Maintenir votre chien senior mentalement actif

Ce n'est pas parce que votre Teckel âgé ne peut plus marcher aussi loin que son cerveau n'est pas tout aussi capable. En fait, les changements dans son corps seront probablement frustrants pour lui, vous voulez donc vous assurer qu'il a beaucoup d'autres choses pour le maintenir actif et heureux. À mesure qu'il ralentit physiquement, concentrez-vous davantage sur des activités mentalement stimulantes. Tant que votre Teckel maîtrise toutes les bases, vous pouvez lui apprendre toutes sortes de tours à faible impact. À ce stade, le dressage pourrait être plus facile car votre Teckel a appris à mieux se concentrer et il sera heureux d'avoir quelque chose qu'il peut encore faire avec vous. De nouveaux jouets sont une autre excellente façon d'aider à maintenir l'esprit de votre chien actif. Veillez à ce que les jouets ne soient pas trop durs pour la mâchoire et les dents vieillissantes de votre chien. Des jeux comme cache-cache seront toujours très appréciés. Que vous cachiez des jouets ou vous-même, ce peut être un jeu qui maintient votre Teckel en éveil. Il existe également des balles alimentaires, des puzzles et d'autres jeux qui se concentrent sur les capacités cognitives. Une recherche rapide en ligne vous révélera une multitude de jouets différents destinés à aider les chiens intelligents à ne pas s'ennuyer.

Pour un chien comme le Teckel, une attention supplémentaire et plus de caresses sont largement suffisantes pour les rendre heureux quand ils vieillissent. Ils voudront se blottir contre vous et être simplement aimés. Cela rendra votre Teckel aussi heureux que possible, bien que vous vouliez toujours vous assurer que votre chien obtienne régulièrement un peu d'exercice physique et mental. Même si le corps de votre Teckel a ralenti, son esprit aura tendance à rester assez actif.

Certains chiens seniors souffrent du syndrome de dysfonctionnement cognitif canin (SDCC), un type de démence. On estime que 85 % de tous les cas de démence chez les chiens ne sont pas diagnostiqués en raison de la difficulté à cerner le problème. Il se manifeste davantage comme un problème de tempérament.

Si votre chien commence à se comporter différemment, vous devriez l'emmener chez le vétérinaire pour voir s'il souffre de SDCC. Bien qu'il n'existe pas vraiment de traitement, votre vétérinaire peut vous recommander des choses que vous pouvez faire pour aider votre chien. Des actions comme réaménager les pièces de votre maison sont fortement déconseillées, car la familiarité avec son environnement aidera votre chien à se sentir plus à l'aise et réduira le stress à mesure qu'il perd ses capacités cognitives. La stimulation mentale aidera à combattre le SDCC, mais vous devriez prévoir de garder votre chien mentalement stimulé, qu'il présente ou non des symptômes de démence.

Les avantages des années senior

Les dernières années de la vie de votre Teckel peuvent être tout aussi agréables (sinon plus) que les étapes précédentes, car votre chien s'est adouci. Toutes ces activités à haute énergie céderont la place aux câlins et à la détente. Avoir votre compagnon qui apprécie simplement votre compagnie peut être incroyablement agréable (n'oubliez pas de maintenir une partie de son niveau d'activité au lieu de devenir trop complaisant face à l'amour nouvellement découvert de votre Teckel pour le repos et la détente).

Votre Teckel continuera d'être un compagnon aimant, interagissant avec vous à chaque occasion, cela ne change pas avec l'âge. Les limitations de votre chien devraient dicter les interactions et les activités. Si vous êtes occupé, assurez-vous de prévoir du temps avec votre Teckel pour faire des choses qui respectent ces limitations. Il est tout aussi facile de rendre heureux un Teckel âgé qu'un jeune, et c'est plus facile pour vous puisque les activités de détente sont plus essentielles pour votre vieil ami.

Se préparer à dire au revoir

C'est quelque chose qu'aucun propriétaire d'animal ne veut envisager, mais en observant votre Teckel ralentir, vous saurez que votre temps avec votre doux compagnon touche à sa fin. Certains chiens ont tendance à décliner soudainement, rendant très évident le moment où vous devez commencer à prendre davantage soin de leur corps vieillissant. Ils ont des difficultés sur les surfaces lisses ou ne peuvent plus marcher aussi loin qu'avant. C'est certainement triste, mais quand cela commence à se produire, vous savez qu'il est temps de commencer à vous préparer à dire au revoir.

Certains chiens peuvent continuer à vivre pendant des années après avoir commencé à ralentir, mais beaucoup ne tiennent pas plus d'un an ou deux. Parfois, les chiens perdent leur intérêt pour la nourriture, ont une attaque ou un autre problème qui survient avec peu d'avertissement. Finalement, il sera temps de dire au revoir, que ce soit à la maison ou chez le vétérinaire. Vous devez être préparé, et c'est exactement pourquoi vous devriez profiter au maximum de ces dernières années.

Parlez avec votre famille de la façon dont vous prendrez soin de votre chien au cours des dernières années ou des derniers mois de sa vie. De nombreux chiens seront parfaitement heureux, malgré leurs capacités limitées. Certains peuvent commencer à avoir des problèmes de continence, tandis que d'autres peuvent avoir des difficultés à se lever d'une position couchée. Il existe des solutions à tous ces problèmes. Il est essentiel de se rappeler que la qualité de vie doit être la première chose à prendre en compte, et comme votre chien ne peut pas vous dire comment il se sent, vous devrez observer les indices laissez par votre chien. Si votre chien semble toujours heureux, il n'y a aucune raison de l'euthanasier.

À ce stade, votre chien est probablement très heureux de simplement dormir près de vous pendant 18 heures par jour. C'est parfaitement normal tant qu'il s'enthousiasme encore pour la marche, la nourriture et les caresses. Le but de l'euthanasie est de réduire la souffrance, pas de rendre les choses plus pratiques pour vous-même. C'est ce qui rend la décision si difficile, mais le comportement de votre chien devrait être un assez bon indicateur de son état. Voici d'autres éléments à surveiller pour vous aider à évaluer la qualité de vie de votre chien :

- L'appétit
- La consommation d'eau
- L'urine et la défécation
- La douleur (notée par un halètement excessif)
- Les niveaux de stress
- Le désir d'être actif ou avec la famille (si votre chien veut être seul la plupart du temps, c'est généralement un signe qu'il essaie d'être seul pour la fin)

Parlez à votre vétérinaire si votre chien a une maladie grave pour déterminer quelle est la meilleure voie à suivre. Il peut fournir les meilleures informations sur la qualité de vie de votre chien et sur la durée probable de vie de votre chien avec la maladie ou l'affection.

Si votre chien arrive au point où vous savez qu'il n'est plus heureux, qu'il ne peut plus se déplacer ou qu'il a une maladie mortelle, il est probablement temps de lui dire au revoir. C'est une décision qui devrait être prise en famille, en mettant toujours les besoins et la qualité de vie du chien au premier plan. Si vous décidez qu'il est temps de dire au revoir, déterminez qui sera présent à la fin.

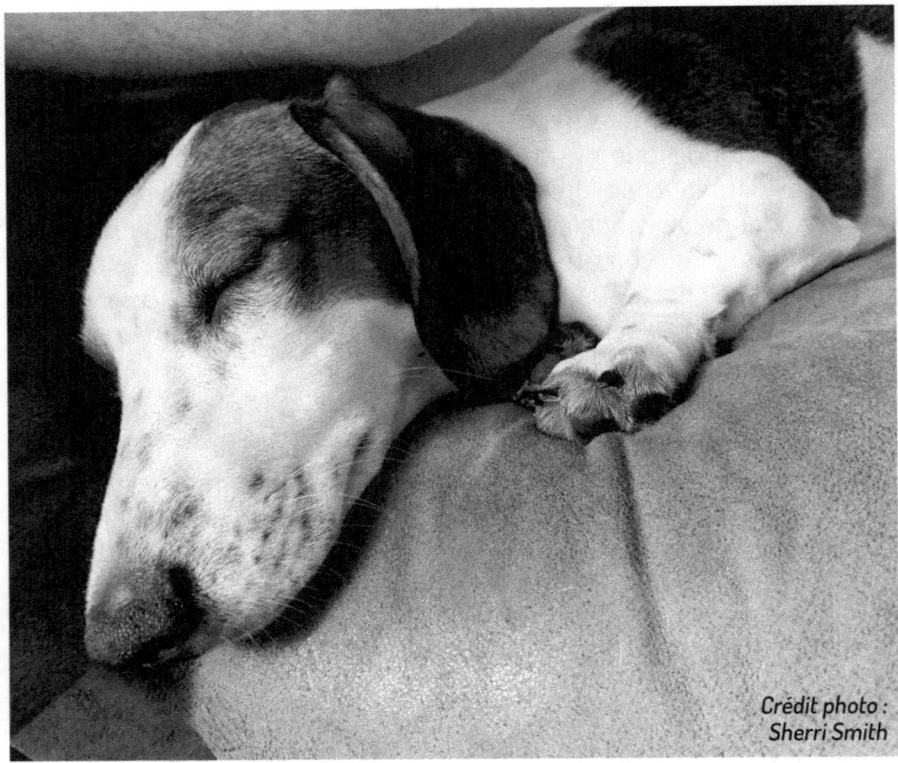

Crédit photo :
Sherri Smith

Une fois chez le vétérinaire, si vous avez décidé d'euthanasier le chien, vous pouvez rendre les dernières minutes très heureuses en donnant à votre chien les choses qu'il ne pouvait pas manger auparavant. Des aliments comme le chocolat et les raisins peuvent mettre un sourire sur son visage pour le temps qu'il lui reste.

Vous pouvez également faire euthanasier votre chien à domicile. Si vous décidez de demander à un vétérinaire de venir chez vous, soyez prêt à payer des frais supplémentaires pour la visite à domicile. Vous devez également déterminer où vous voulez que votre chien soit, que ce soit à l'intérieur ou à l'extérieur, et dans quelle pièce si vous décidez de le faire à l'intérieur.

Assurez-vous qu'au moins une personne qu'il connaît bien soit présente afin que votre chien ne soit pas seul pendant les dernières minutes de sa vie. Vous ne voulez pas que votre chien meure entouré d'étrangers. Le processus est assez paisible, mais votre chien sera probablement un peu stressé. Il partira dans les quelques minutes suivant l'injection. Continuez à lui parler car son cerveau continuera à fonctionner même après la fermeture de ses yeux.

Une fois que votre chien est parti, vous devez déterminer quoi faire du corps.

- La crémation est l'une des façons les plus courantes de s'occuper du corps. Vous pouvez obtenir une urne ou demander un contenant pour disperser les cendres de votre chien sur ses lieux préférés. Assurez-vous de ne pas déposer ses cendres dans des endroits où cela n'est pas autorisé. La crémation privée est plus coûteuse que la crémation collective, mais cela signifie que les seules cendres que vous recevez sont celles de votre chien. La crémation collective se produit lorsque plusieurs animaux sont incinérés ensemble.

- L'inhumation est la méthode la plus simple si vous faites euthanasier votre animal à la maison, mais vous devez vérifier les réglementations locales pour vous assurer que vous pouvez enterrer votre chien à domicile, car c'est illégal dans certains endroits. Vous devez également tenir compte du sol. Si votre jardin est rocailleux ou sablonneux, cela créera des problèmes pour essayer d'enterrer votre animal à la maison. De plus, n'enterrez pas votre animal dans votre jardin s'il est proche de puits que les gens utilisent comme source d'eau potable, ou s'il est proche de zones humides ou de cours d'eau. Le corps de votre chien peut contaminer l'eau en se décomposant. Vous pouvez également vous renseigner sur un cimetière pour animaux s'il y en a un dans votre région.

Deuil et guérison

Les chiens deviennent des membres de la famille à part entière, leur départ peut donc être incroyablement difficile. Les gens traversent toutes les mêmes émotions et sentiments de perte avec un chien qu'avec des amis proches et la famille. L'absence de cette présence dans votre vie est déconcertante, surtout avec un chien aussi aimant et loyal que le Teckel. Ce sera étrange de ne plus avoir cette petite présence derrière vous lorsque vous vous déplacez dans votre maison. Tout aussi douloureux, votre maison est un rappel constant de la perte, et au début, vous et votre famille ressentirez probablement un chagrin considérable. Dire au revoir va être difficile. Prendre quelques jours de congé n'est pas une mauvaise idée. Bien que les personnes qui n'ont pas de chiens diront que votre Teckel n'était qu'un chien, vous savez que c'est faux, et il est normal de ressentir la douleur et de faire le deuil comme vous le feriez pour tout être cher perdu.

Perdre votre Teckel va également entraîner un changement substantiel dans votre emploi du temps. Il faudra probablement un certain temps pour s'habituer à la façon dont votre vie quotidienne a changé. Résistez à l'envie d'obtenir un nouveau chien trop vite car vous n'êtes peut-être pas encore prêt.

Chacun fait son deuil différemment, vous devrez donc vous permettre de faire votre deuil d'une manière qui est saine pour vous. Tout le monde dans votre famille ressentira également la perte différemment, alors laissez-les la ressentir à leur façon. Certaines personnes n'ont pas besoin de beaucoup de temps, tandis que d'autres peuvent ressentir la perte pendant des mois. Il n'y a pas de calendrier, alors n'essayez pas de vous l'imposer ou de l'imposer à un membre de votre famille.

Parlez de la façon dont vous aimeriez vous souvenir de votre compagnon, et assurez-vous d'écouter. Vous pouvez organiser un mémorial pour votre animal perdu, raconter des histoires et planter un arbre en mémoire de votre chien. Si quelqu'un ne veut pas participer, c'est bien.

Essayez de revenir à votre routine normale autant que possible si vous avez d'autres animaux. Cela peut être à la fois douloureux et utile car vos autres animaux auront toujours autant besoin de vous (surtout les autres chiens qui ont également perdu leur compagnon).

Si vous constatez que le chagrin entrave votre capacité à fonctionner normalement, cherchez de l'aide auprès d'un professionnel. Si nécessaire, vous pouvez aller en ligne pour trouver des groupes de soutien dans votre région pour vous aider, vous et votre famille, surtout s'il s'agissait de votre premier chien. Parfois, il est utile de parler de la perte pour commencer à guérir.

www.ingramcontent.com/pod-product-compliance
Lightning Source LLC
Chambersburg PA
CBHW070824120626
46556CB00002B/650